林甲针　陈如优　等　著

大夏书系·教育艺术

中学心理辅导实用技巧与案例

华东师范大学出版社

全国百佳图书出版单位

图书在版编目（CIP）数据

中学心理辅导实用技巧与案例／林甲针等著.—上海：
华东师范大学出版社，2019
ISBN 978-7-5675-9700-6

Ⅰ.①中... Ⅱ.①林... Ⅲ.①中学生—心理辅导 Ⅳ.① G444

中国版本图书馆 CIP 数据核字（2019）第 191607 号

大夏书系·教育艺术

中学心理辅导实用技巧与案例

著　　者　　林甲针　陈如优　等
责任编辑　　卢风保
封面设计　　奇文云海·设计顾问

出版发行　华东师范大学出版社
社　　址　上海市中山北路 3663 号　邮编　200062
网　　址　www.ecnupress.com.cn
电　　话　021-60821666　行政传真　021-62572105
客服电话　021-62865537
邮购电话　021-62869887　地址　上海市中山北路 3663 号华东师范大学校内先锋路口
网　　店　http://hdsdcbs.tmall.com/

印 刷 者　北京季蜂印刷有限公司
开　　本　700×1000　16 开
插　　页　1
印　　张　15.5
字　　数　230 千字
版　　次　2019 年 11 月第一版
印　　次　2023 年 8 月第六次
印　　数　13 101 - 15 100
书　　号　ISBN 978-7-5675-9700-6
定　　价　45.00 元

出 版 人　王　焰

（如发现本版图书有印订质量问题，请寄回本社市场部调换或电话 021-62865537 联系）

其他作者（排名不分先后）

杨海雁　郑蓓蓓　官郑粉　孙安立　傅佳纯　陆立忠

冯首钢　蔡琳喜　金苗苗　汤月仙　徐央央　季青青

陈秀敏　华丽芬　薛蓓蕾　张瑞祥

第一章
情感引导

爱在心口难开　　　　　　　　　　　　　　　　003
　　——对青春期学生恋爱问题的辅导

老师，为什么高中生不能谈恋爱　　　　　　　　012
　　——以来访者中心疗法应对青春期恋爱问题

她在那一角落患过伤风　　　　　　　　　　　　023
　　——"与网络男友私奔女孩"的咨询手记

墙角的木偶　　　　　　　　　　　　　　　　　032
　　——对单亲女孩青春期恋爱问题的辅导

失恋99天　　　　　　　　　　　　　　　　　　042
　　——对由失恋引发的抑郁焦虑情绪的辅导

住错了森林的精灵　　　　　　　　　　　　　　054
　　——对青春期性别认同障碍的辅导

第二章
心理疏导

不害怕，能看见更美丽的风景　　　　　　　065
——社交恐惧个案咨询实录

失眠背后的深层缺失　　　　　　　073
——运用ACT技术缓解考试焦虑

寻找黑夜里的明灯　　　　　　　082
——我为什么害怕独自面对黑夜

重塑生命的希望　　　　　　　092
——运用DBT技术预防自杀

那不是你的错　　　　　　　101
——运用NLP技术解决焦虑情绪

被内疚纠缠的岁月　　　　　　　112
——记一次失败的心理辅导

第三章
交往指导

都是"关系"惹的祸 125
——客体关系心理治疗的应用

爱不到心底 136
——心理创伤个案咨询手记

不想和陌生人说话 143
——社交恐惧个案咨询手记

东想西想的，我这是怎么了 152
——运用认知行为疗法纠正不良认知

不愿长大的男孩 163
——离异家庭亲子关系的重建与联结

戴着面具的怪物 176
——人格面具理论在与父母联结缺乏案例中的应用

第四章
自我重建

自我接纳后的芬芳 191
——相信自己内在拥有治愈的力量

靠近童心，疗愈说不出的伤痛 198
——我为什么找不到自己

身体里的臭榴莲 205
——青春期自我接纳心理辅导个案

心若向阳，何须忧伤 214
——体相烦恼咨询个案

超越·新生 222
——自信心培养辅导个案

大学，离我有多远 228
——校园心理剧在心理辅导中的应用

CHAPTER ONE

第一章

情感引导

- 爱在心口难开
- 老师，为什么高中生不能谈恋爱
- 她在那一角落患过伤风
- 墙角的木偶
- 失恋99天
- 住错了森林的精灵

青春里的情愫，

是甜蜜的，也是苦涩的；

是怦然心动的，也是黯然神伤的。

花开的季节，

我们需要耐心地等待。

——题记

爱在心口难开

——对青春期学生恋爱问题的辅导

婷婷，高二的时候对隔壁班的一个男生有好感，本来只是想加他 QQ 聊聊天，却渐渐地发现自己对他越来越动心，时常想起他，很希望在校园里遇见他，遇见的时候又小鹿乱撞似的不知道该怎么面对他。她想要表白的想法变得越来越强烈，但又觉得作为一个高三学生不可以谈恋爱，需要认真学习。于是，难以控制的内心情感与现实理智的冲突，使得她情绪烦躁；加上进入高三后学习压力巨大，高强度的学习难以适应，她更加焦虑不安，注意力难以集中。

据班主任反映，婷婷是一个性格开朗、乐观、积极、外向的女生，最近却经常坐在座位上发呆，还出现了上课走神、情绪不佳、与同学来往减少等状况。

婷婷处在青春期，性意识觉醒，进入高三后学习强度变大，却缺乏有效的支持系统，无人倾诉和引导，变得烦躁、不安，无法自我调节。

暗恋是苦涩的，但并不可耻

"老师，你好！我是婷婷。"她微笑着走进我的办公室。

"请进！"我微笑着说，示意她到咨询室。

她坐下来，看了下四周："老师这里的环境真好！"

"我看到了你的预约单，有什么需要我帮助的吗？"我引导她进入咨询。

她看看我，捂了捂脸，带着腼腆的微笑说："我喜欢一个男生。"

我看着她，报以微笑："很谢谢你真诚地信任老师，关于这一点，你希望老师在哪方面能够帮助你呢？"（预设性提问）

她见我没有任何的评价，有点紧张地问我："你会告诉我班主任吗？"

我说："我作为咨询师的职业操守就是帮来访者保守秘密，当然这是在不伤害他人及自身安全的情况下。"

她叹了一口气，继续说："老师，现在都高三了，我想要好好学习，不想谈恋爱。可是又控制不住地想起他，一想起他，就静不下心来，好心烦！"

我说："老师可不可以这么理解，其实你不想谈恋爱，你希望是什么样子的呢？"

她说："我希望我能控制自己表白的冲动，尽量不去想起他。"

我继续问道："看来这个问题现在很困扰你，那针对这个问题，你自己曾做过哪些努力？"（咨询前改变的询问）

她说："我会去学习、找朋友聊天或者听歌。可是过一段时间我又会想起他，那时我就更烦躁了。"

"除了转移注意力，你还尝试过什么方法？"

她想了想，回忆道："有一次我把我想对他说的话写出来，我觉得这个方法挺好。"

我问："对你来说，这个方法有什么不一样的地方？"

她说："写完后我的情绪好了很多，感觉像是向他'坦白'了自己的感情一样，心理坦荡多了，之前我一直很压抑自己的感情。"

我赞许地看着她："你很有创意，想出这么个好方法！"（振奋性鼓舞）

她带点忧伤地说："因为那天我很想向他表白，但是又不敢，只好把想对他说的话写在纸上。"

我问："你说你不敢，能具体告诉我你在担心害怕什么吗？表白后会怎么样？"（澄清）

她叹口气："担心表白了被拒绝，那多没面子，多受伤呀，而且再也做不了普通朋友了，两个人都觉得很尴尬。如果接受，谈恋爱又会影响学习。如果不表白，又怕自己遗憾后悔。"

我回复说："听起来你的顾虑好像也是挺合情合理的。"（一般化）

她皱了皱眉头说："可总是思前想后，反复无常，真的很烦心。"

我温和地说："我能感受到你理智与情感的冲突，真的好难平衡。其实青春期对异性产生好感是很正常的，第一次面对这样的情感难免不知道该怎么处理。"（一般化）

她说："我一直都觉得女生主动喜欢男生是不应该的，是一件很羞耻的事情。但现在仔细想想，我也没做什么见不得人的事情，只是喜欢一个人而且也没有伤害到别人。我只是要独自一人品尝这暗恋的滋味，有点难受。"

既然她已经提到了暗恋的感觉，我便问她："都说青春期的爱恋是苦涩的，你怎么看？"

她说："可能真的是我把爱恋想得太简单太美好了，仔细想想，电视剧里的校园恋情也是经历很多波折的，更何况现实生活呢。别人的辛酸，我看不到而已。"

我鼓励她："看来你也慢慢地理解了恋爱的酸楚，其实很多时候经历了才会成长，老师很高兴你慢慢成长了。"（鼓励）

她笑了笑，然后沉默了片刻，看看时钟。

我说："这次咨询时间到了。回去后你要多做一些你认为有效控制自己情感冲动的行动。在下次会谈的时候，我们看看这些行动给你的生活带来了哪些改变。"

她点点头，离开了。

🎼 本次辅导的初始，来访者一直陷在焦虑烦躁的情绪中。通过预设性询问的技术，将咨询的方向引向问题的解决而非聚焦问题及寻找问题的根源，对咨询起到了推动的作用。随着咨询的慢慢推进，来访者看到了自身的资源和力量，情绪进一步平稳。当来访者提到自己的担心时，我用澄清的技术，协助来访者看清自己的思绪，并通过共情和一般化技术帮助来访者接纳自己的情绪，从而降低烦躁情绪。最后布置家庭作业，让来访者积极寻找解决的方法。

回想本次辅导的过程，虽然略有效果，但过程显得迂回。当咨询方向转向问题解决后，来访者又谈起自己的担心，说明来访者的情绪还是没有被"解决"。之后用了澄清和共情的技术才得以帮助来访者坦然面对自己的羞耻感，缓解了焦虑烦躁的情绪。来访者表达了自己的情绪和问题之后，如果先帮助来访者接纳自己的情绪再讨论问题的解决，咨询或许会更有效。而本次的咨询因为前面陷入情绪感受的时间过长，导致后面聚焦问题解决的时间较少，结束得也很匆忙。所以，咨询的进程要跟随来访者的节奏，焦点解决虽然强调关注目标和解决历程，但也不能忽视来访者的感受。🎼

高三的苦与痛

婷婷如期来到咨询室，面带笑容，看起来心情不错。

我关切地问："上次咨询结束到现在，发生了什么比较好的事情？"（EAST 询问之引出例外）

她开心地说："想起他的次数明显减少了好多。"

我惊喜地问："你是怎么做到的？"（EAST 询问之扩大、详述例外）

她说："我把精力尽量都放到学习上。有时候做作业脑子里会突然想起他，我就深呼吸一口气，把注意力再集中到题目上。如果还是不行，我就出去散散步或者写日记。"

我说："听你的描述，我发现你最近再发现自己想起他的时候，情绪反应小了很多，是这样吗？"（EAST 询问之增强）

"嗯。"她很自信地点点头，说，"我看了一本有关青春期恋爱的书，里面提到很多时候暗恋者都沉浸在自己的感觉中，其实对对方的认识是很片面的。我印象最深的一句话是：暗恋是自己的事情。我现在就想把'自己的事'好好地收藏起来，我想这对未来的我来说是一份很美好的记忆。"

我用兴奋的语气对她说："你对自己的情感有了新的认识，这让你的感觉完全不一样了！你现在感觉自己有什么变化呢？"（振奋性鼓舞）

她微笑着说："我也很意外有这么大的转变，现在感觉心里轻松多了，也不再那么纠结情感问题了。"

我问："除此之外，还有什么是比较好的？"（EAST 询问之再次询问、探索例外）

她说："上周五在路上碰到他，也不会那么紧张了，笑了笑打了个招呼。"

……

我问："你今天来，还想改变的是什么？"（预设性提问）

她发愁地说："高一、高二我基本没学，现在一下子不适应高三的学习强度。我希望能尽快进入学习状态，把成绩提上来。"

我问："你有什么时候学习状态是比较好的？那时候是什么样子的呢？"（例外询问）

她说："初三的时候吧。那时心里就想着考高中，虽然成绩很差，但是目标很确定，感觉生活很充实。但现在觉得自己和同学的差距太大了，每分每秒都在受打击。"

我试着多挖掘她内在的能量，问道："除此之外，还有呢？"

她想了想，说道："那个时候也有老师经常关注我，只要我成绩一下降，老师就马上关注到我，然后找我谈话。"

"看来你觉得现在还需要有人去监督你。"我回答道。

对此，她非常认同："也许我应该去找个同伴，与他人比较，同时也相互监督。"

我说："与他人比较是督促自己进步的一个方法，但是现在这种比较非但不能让你产生动力，还让你特别挫败，你觉得该怎么办呢？"

"也许是我太脆弱了吧，对方能考得好肯定是他努力的结果，还是盯着自己的进步更重要。"说着她低下头去。

沉默了片刻，我说："你的理解非常好。现在想象一下，我手上有一支魔术棒，我现在轻轻地挥一下，你回到教室后学习状态变得非常好。那会是一个怎么样的场景？"（奇迹询问）

她说："我可能正看着黑板听老师讲题目，或者在很专注地写我的作业。"

我说："嗯，都是学习生活中日常的事情。你的同学会发现你有什么不一样的地方？"（关系询问）

她说："他们会觉得我安静很多。（停顿）这么说起来，感觉认真学习也不是特别难，只要做好基本要求：上课认真听，认真完成作业，劳逸结合。"

我说："我觉得你的领悟力特别高，相信在知识的学习和掌握上领悟力也不会差。（赞美）学习的进步是需要时间的，有目标是好事，但要给自己时间。一年的时间不长，但也不短。（信息提供）你可以把自己做的好的方面记录下来，给自己一些鼓励，让自己更有信心。"

最后，我与她协商，给她布置了学习的家庭作业，希望她能认真遵照所写的去认真实施完成。

☝ 本次来访者到访心理室时，从微笑的面容看，情绪已经明显有了好转。而且本次辅导的重心也从情感转向学习，说明情感的困扰已经基本解决。

本次咨询进行到"是否要与他人比较时"陷入了僵局。我虽然用"该怎么办"来提问来访者，但指向性太明显，有教导的意味。来访者虽然嘴上承认接受，但心理难免有所抵抗。所以在后续的一段时间里，来访者一直在强调影响学习的外在原因，而非自身问题。此时，来访者已然产生了防卫心理。直到我运用了奇迹询问的技术，咨询才有了转机，将咨询的方向转向问题解决，并协助来访者构想未来的景象以引出和解决问题有关的信息。

这次辅导的经验是，咨询师要始终相信"来访者是他自己问题的专家"。其实咨询师只需协助来访者寻找自身解决问题的资源，而不要执著于指导和建议，这也是焦点解决的精神之一。

焦点解决在学校心理辅导中有较强的适用性，作为学校心理辅导教师如能深度理解其精神，熟练掌握相关技术，将对学校的心理辅导工作有很大裨益：

1. 焦点解决技术的运用不能脱离于基本咨询技术，而要与基本咨询技术有效组合，以产生更大功效。比如在本案例中，通过澄清、共情与一般化技术，有效缓解了来访者的烦躁情绪。所以，咨询师在运用焦点解决技术的同时不可忽略基本咨询技术，它是咨询的润滑剂。

2. 咨询师要养成看到例外及深入探讨的习惯，并善于发现来访者小的正向变化，以改变带动改变，产生"滚雪球效应"。试想，当一个人把持续改变变成一种习惯，那改变将是长远的、深入的，咨询的效果也会更持久。

3. 咨询师对来访者的理解与信任，是整个咨询的基调。这与来访者中心疗法有很大的契合之处。咨询师要把这种理解与信任用语言传达给来访者，增强来访者解决问题的信心。

知识链接

焦点解决短期心理咨询（Solution-focused Brief Therapy, SFBT）是以寻找解决问题的方法为核心的短程心理治疗技术。它的产生深受后现代建构主义的影响，是 1980 年代初期由史蒂夫·德·沙泽尔和妻子以及一群有多元训练背景（包括心理、社工、教育、哲学、医学等）的工作小组成员创立的。近些年这项技术被引入台湾和大陆，并广泛地应用于社区、学校、监狱、医院、公众服务等心理领域，其咨询效果显而易见。

SFBT 将咨询中心聚焦于来访者身上，不会纠结于寻找问题的原因，而只在乎如何解决问题，相信来访者在咨询师引导下能解决自己的问题，有能力在一步步小改变中逐渐蜕变。其主要的咨询技术有 13 项，而基本的理念在于以下几点：

1. 聚焦于问题解决。

SFBT 聚焦于来访者的问题如何解决，它不会去寻找问题的原因，因为问题的形成通常是一个较复杂的演变过程，寻找原因会消耗大量精力，来访者也有可能因为咨询缓慢而终止咨询行为。

2. 相信来访者是解决自身问题的专家。

SFBT 关注来访者自身的资源，相信来访者本身具备改变现状的正向资源。咨询师仅仅是协助与引导来访者，"引发"来访者运用自己的能力及经验去改变，让来访者积极发现自身资源与改变的线索，以促进问题的解决，而不是"制造"改变。

3. 问题症状同样也具有正向功能。

任何一个问题的存在都有其积极的意义，与其纠结于问题的发生，还不如强调来访者问题的正面意义，而不是死盯着他们的缺陷；强调他们成功的经验，而不是失败；强调来访者的可能性，而不是他们的局限性。所以咨询师的工作是协助来访者寻找到更好的方法去取代其问题行为，进而帮助来访者走出问题带来的困惑。

4. 找出来访者的问题例外，有例外就有解决的可能。

SFBT 认为，凡事皆有例外，来访者的问题也有例外，当问题应该发生，却没有发生的时候，这就是例外。咨询师的任务就是协助来访者寻找问题的例外。只要朝着这个方向加以探索，就有可能寻找到解决问题的方法，从而发掘出更多的改变，让问题不再继续下去。聚焦正面的例外，提供了解决导向的、未来导向的模式，鼓励来访者改变且朝着希望的方向前进。

5. 大改变都是小改变累积而成的。

SFBT 相信小的改变会导致大的改变，即所谓的"涟漪效应"与"滴水穿石"。改变从小处着手会比较容易，成功经验的积累会使来访者有信心和力量去处理更大的问题。咨询师要引导来访者看到小改变的存在、看重小改变的价值，从而愿意促进小改变的发生和持续，而这些小改变会影响来访者并使之修正对问题的态度。

风吹过的那片树叶，

承载着我的暗恋。

云停下的足迹，

恰似我犹豫的心情。

疾风骤雨后的安宁，

让我忍不住想起你。

他们说年少的爱情太过青涩，

我却从中看到了成长的讯息。

——题记

老师，为什么高中生不能谈恋爱

——以来访者中心疗法应对青春期恋爱问题

窗外树影斑驳，办公桌前那几盆多肉在夕阳的映射下张扬着绿意和生机。该给它补点水了，放下整理了一半的个案资料，端起水杯正准备起身的我突然被一阵"砰砰砰"的敲门声吓了一跳，只见门口立着个怒气冲冲的高个子，急咧咧地问道："陈老师，您有时间吗？我想找您聊聊。"

"可以呀，请进，坐下来喘口气再慢慢说。"我转身先倒了杯水给这个大男孩。"谢谢。"一坐下他就倒豆子般将事情的原委倾诉了一番。

原来，这个叫阿俊的男孩，是我们学校高二的学生，昨晚自主学习时间结束后，约了同班某女生一起去操场散步，被值周老师以"男女生非正常接触"的理由扣了德育分，一早就被班主任拉出去谈话。事情经过一天的发酵，那个女生现在已经刻意避着他了，郁闷满怀的阿俊越想越生气："我们两人光明正大，坦坦荡荡的，就逛个操场怎么了？正常的男女交往都不可以吗？学校不准我们谈恋爱也不能这样不讲理吧？！"

"能不能"VS"要不要"

看着眼前这张执拗的脸，困惑的眼神，我盖上咨询记录本，先问了他一个问题："谁说高中生不能谈恋爱？"

阿俊不可思议地瞪大眼睛："不是老师说的吗？不然干吗说我们非正常接触，还要扣分？真是好笑！"

愤愤不满的样子让我忍不住莞尔："是不是非正常接触要看学校的规章制度，咱们在这里先不讨论这个规定是否合理，我就问你，你喜欢那个女生吗？"

"喜欢。"阿俊硬气地回答。

"那她喜欢你吗？"

"……不清楚。"阿俊明显降低了音调，反而有些不好意思了。

"嗯，所以那么晚单独约她出去走走，其实你是想多一些相处的时间吗？"

"我们又没做什么事情！"这个男孩委屈得有些生气。

"我肯定相信你的啦，只是感觉会有点小暧昧哦。"

"……一点点吧。"阿俊腼腆地笑笑。

基于他这直爽的性格，我选择先理清他们俩之间的关系："那阿俊你现在是朋友一样在她身边，还是挑明了要追求她呢？"

"朋友吧……不过周围常有人开我们的玩笑。"

"哦？那你喜欢这样吗？"

"还好吧，就是怕她会生气。"

"哦，你还挺贴心的呢，会考虑她的感受。"初次见面，又是异性交往这样的敏感话题，为获得他的信任，我特意强调并认可了他的积极行为。

阿俊不好意思地挠挠头："那老师，你刚才是说我们可以谈恋爱吗？"

"阿俊，那你告诉我，谈恋爱这件事情是老师、学校、家长说不能就不会发生的事情吗？"

"当然不是了，但也是很重要的影响因素嘛。"看来他有认真考虑过这个话题。

"对啊，你看，谈恋爱是两个人之间的事情，外界的看法只是作为参考因素，现在你们都已经是高中生了，懂得权衡利弊，所以这个阶段谈恋爱，不是能不能的问题，而是你们要不要的问题。"我们将能否谈恋爱的决定权交到阿俊手上，这种成人式的平等交流更能触发他进一步的思考。

阿俊则是一脸好奇与兴奋的表情："要不要？"

"对啊，决定权在你的手上，是你选择要还是不要，而非外界规定你能或不能。"

"老师，这有什么区别吗？我其实也很矛盾，不知道这个时候要不要谈恋爱。"

"嗯，三言两语一下子说不清楚呢，晚饭时间也到了，要不你先回去梳理一下你们之间的状况，把你考虑的因素都列出来，我们约明天晚上 8 点在这里见面，可以吗？"

"嗯嗯，好的！"阿俊明显平复了愤怒的情绪，将注意力转移到自身关系的处理上。

✑ 心理咨询并不是随意的谈话聊天，它是一个咨询师帮助来访者梳理自身困惑，寻找解决方法的过程。来访者中心疗法认为，在咨询初期，需先让来访者缓解情绪以获取信任，与之建立起良好的咨访关系。在这个案例中，咨询师对于青春期恋情的态度就很关键，如果旗帜鲜明地反对、驳斥，容易引起阿俊的抵触情绪，并不利于下一步的深入交谈，布置任务则有助于阿俊对这段感情进行理性思考，为后面的咨询打好基础。✍

"要" 或 "不要"

次日晚 8 点，阿俊准时赴约："老师，我把考虑的因素列了个表格，虽说是列出来了，但还是不知道要怎么做，您帮我看一下。"

认真看完他的分析，我注意到阿俊还只停留在对方会不会同意，彼此之间关系变化后可能带来的问题等。其实核心不是外部问题，而是对于异性相处之道，高中生的他们真正懂得多少呢？于是，我借由上一次的话题准备做更深层次的讨论："嗯，写得非常清楚呢，还记得上次说的'能不能'和'要不要'的问题吗？你理解两者的区别了吗？"

"有一些明白，就是决定权在我自己手里是吗？"

"是的呢！你和她之间，你选择要不要对她表明心迹，她会选择要不要接纳这份感情，都是你们自己的决定。你们要共同考虑的问题是，谈恋爱的话，能不能承担起这份感情所带来的甜蜜和烦恼？现在毕竟是学生时期，现阶段最重要的任务还是学习，那你有没有信心能兼顾爱情和学业呢？如果明显受到负面影响，学校、老师、家长就会给你们更大的压力。如果不受影响，你甚至可以理直气壮地反驳他们：谈恋爱怎么了？又不会影响学习！"

阿俊忍不住兴奋地点点头。

"对吧，那多牛啊，当然前提是不会影响学习，但现实告诉我们大部分的高中恋情都很难兼顾爱情与学业，这就是为什么学校和家长基本上持反对态度的原因了。阿俊，你先来说说看为什么很难做到。"

"没时间吧，彼此不够信任，家长知道后强烈反对啊，还有同学与老师的外界舆论压力……"其实作为高中生的他们非常清楚要面临的问题，但还不够具体。

"你说的很对，这些就是你选择开始一段感情时要考虑到的问题：感情是需要陪伴和培养的，尤其是爱情，占有欲是它的一个重要特性，当你们是男女朋友关系时，能否安排出额外的时间相处？能否接纳对方正常的异性交往？如何应对他另外的追求者？太想对方了怎么办？吵架误会怎么办？"

一连串的问题让阿俊有些蒙："听起来好烦，可是真的很喜欢怎么办呢？"

"所以你要权衡利弊啦，你很喜欢对方，你如果做好了准备，觉得自己能接纳和应对恋情中的这一系列问题，当然，还包括告白失败所要承担的风险，你就可以向对方表明心迹。"

"对啊，我就怕万一告白失败，连朋友都没的做。"阿俊苦恼地摆摆手。

"你考虑得很对，毕竟是两个人的事情，你准备好了，不代表对方也这么想。即便在一起了，两个人相处还是会遇到很多问题，尤其是高中毕业分道扬镳的情况。"

"嗯……她成绩也比我好。"

"我相信你对她的感觉也是很认真的，那么肯定不是随便谈个恋爱尝一下，总是期望走得更长远吧？"强调感情是真挚而严肃的事情，不能随便开始随便结束（虽然很多高中恋情就是这样的）。

"是的。"

"你还要考虑你们两个是否志同道合，能否为了彼此努力，以后争取上同一个大学，或至少同一城市，异地恋很辛苦的。"

"我没想这么多……"阿俊挠挠头，有些焦躁地调整了一下坐姿。

"当然我不是给你压力，就是帮你分析一下情况，这些可能是你要权衡的，如果你没有准备好应对恋情中的这些问题，我建议还是慎重一些的好。"

听到这里，阿俊有些羡慕地说道："那有的同学就又能谈恋爱，成绩又好……"

"对啊，这样的情况当然有，这就是我们前面讲到过的——两者兼顾，但是你要看清楚哦，高中阶段，又想收获学业，又想收获爱情，那你势必要比一般人更努力，承担更多的东西才能做到，很公平的。"为避免阿俊沉浸在感情中，容易把事情的发展理想化，我们要提供给他更客观的视角。

"比如你要有很强的自制力，保证上课做作业是专注的，成绩不受影响，可以把你们的感情转换成积极前进的动力，而且两个人的爱情观、价值观是匹配的，能相互体谅和包容。"

"爱情观匹配？"阿俊似乎没想过这个问题。

"对啊，就是你们对爱情的理解和期待是相同的。我举个例子，如果女生期待的爱情是无微不至的照顾，女友身份的独特光环，你就要每天嘘寒问暖，注意维护你俩的关系；如果女生期待的爱情是共同成长，一起努力，那你就要跟上她的脚步，是恋人又像是战友。每个人的期待不同，如果不匹配，这个恋爱谈得就很累。"

"唉，老师你说的都很对，其实我就是很喜欢她而已啊，怎么这么复杂？"

"唉，我也很理解你，这就是高中生选择开始一段感情要付出的代价吧。不考虑这些方面，你们在相处时遇到问题就容易吵吵闹闹，影响生活学习状态，最后可能还是以分手告终，到时候你又会来找我，咨询该怎么走出失恋的阴霾……"

"那老师你觉得我该怎么做呢？"这是初次咨询的来访者常会问的问题，而我们心理咨询师要明确自身的立场，不能代替他做任何决定。

"我还是要强调，选择权在你手上，我只帮你分析利弊关系哦，你先要明白，自己做的选择就要有勇气承担它可能有的结果。"

"好的，我觉得还是考虑清楚再说吧。"

"那我有个小建议，如果你确信，这个女生真的就是你很喜欢的，你感觉她也对你有好感，那么先把自己提升到跟她差不多的水平，至少要有明显的进步，增加你们在一起的可能性，因为你们现在已经高二了，到了高三，每个人的重心肯定都是冲着高考去的，所以还是要提前做好准备。然后可以跟她表明你的心迹，你还可以告诉她你为了她所做出的努力，她肯定感动啦！你们两个人可以做个约定，比如一起考什么大学，或是去哪座城市，高中毕业后再确定关系。"

阿俊犹豫半晌，忍不住说了句："老师，我怕她在我努力好之前就被别人追走了……"

"哇，看来你喜欢的女生真的很优秀哦！那你更要努力了！那你可以选择先表明心迹，看她愿不愿意跟你做这个约定，如果可以那更有进步的动力，如果她不愿意……说明她还没有准备好，到时候心里难过的话再来找我吧。"

小伙子认真地点点头："好的，我知道怎么做了。"

"阿俊，你要记住，如果想学业爱情两手抓，那么它们是分割不开的，学业抓牢了才会有更稳固的关系，好的爱情是会让彼此成长和进步的，太过消磨彼此的爱情在高中阶段存在风险哦。"我觉得是时候阐明为什么家长、学校和老师会反对的理由了。

"嗯……什么风险？"

"其实老师和家长担心的就是你高中跌跌撞撞谈的恋爱最后无疾而终，爱情没得到，学业还没抓住，高中毕业不就两手空空？拿了前程做赌注啊，真正的爱情不差这一两年等待的时间，也许因为有了为了彼此而努力的这种经历，感情更加稳固。但是高中生涯过了就不再重来，一个可以等，一个不能等，孰轻孰重如何把握心里要有数哦。"

"好的，谢谢老师，那我想好了再来找你。"

"嗯，你做任何决定我都是理解和支持的，只要你考虑清楚。顺便说一句，既然学校有相应的规定，我们凭一己之力难以改变，那么问心无愧的话也要做到不落人口舌，不然只是给自己和女生增添麻烦呢。"

"好的，我会注意的。"阿俊非常自然地接纳了我的建议，从他清澈的眼神里，我也看到了他对待感情认真的态度和更为周全的考量。

    来访者中心疗法认为人都具有建设性和社会性，是值得信任的。咨询师需要给来访者充分的信任和支持，来访者就会依靠自己的力量发生改变，并不需要咨询师进行控制和指导。所以"要不要谈恋爱"是要阿俊自己做出选择的，咨询师要做的就是给予信任和鼓励，并帮助他分析利弊，不做过多的干涉。

"练爱"中成长

四天后的傍晚时分，在食堂门口遇见阿俊，他欢喜地告诉我，跟那个女生已经讲好了，两人一起努力考上同一个城市的大学，毕业后再考虑要不要在一起。现在他的学习劲头很足，打算用期末考试的进步来证明自己的决心，并与我另约时间，想制订一套可行有效的学习计划。

事情似乎都很顺利，我也看着阿俊踏实步入高三，在学业上收获了更大的成就感。临近高考时，阿俊却告诉了我他不同以往的决定……

"老师，我不打算去杭州了。"

"嗯？你们想去另一个城市吗？"

"不是我们，就是我。"阿俊抬起头看着我，眼睛剔透得让人难过。

"她其实从高三开始就和另一个男生走得很近，他数学很好的，刚开始只是讨论学习吧，后来……我好像也没资格质问她，不管她记不记得这个约定，我一样会努力去做好的……其实之前就很想来找您，但学业太忙了，又觉得没啥好说的，就是心里难受……她可能一直考虑的不是要不要谈恋爱，而是要不要和我谈恋爱吧。前几天我听到他们在聊大学的事，想想其实上海也不错，我不想去杭州了。"说完他撇开头眨巴了几下眼睛。

"你确定他们在一起了吗？"

"不知道，也不重要了吧，说直白点，她也没考虑我的感受不是吗？"

我忍不住有些心疼："嗯，心里是会不舒服。那你自己的心情处理得怎么样了？"

"还好吧，比自己想象的好多了，高考毕竟是自己的事情，没那么多时间风花雪月了吧。"看似轻描淡写的诉说让我意识到，这个一米七八的大男孩真的长大了。

"阿俊，我看得出来你在努力调整自己的心态，你也做得非常好，这可不简单呢！这是一年多来我在你身上看到的最明显的成长，我觉得你很棒！所以我相信，你一定能达成你与自己的那个约定。"

"与自己的那个约定……谢谢老师。"机智如他，冲我咧开嘴笑了笑。

"临近高考了，我听得出来，那个女生是和别的男生走得比较近，跟你都没这么多交流，这让你很难过。没关系的，这个时间点也不是梳理你们两个关系的最好时机，你呢也不要急着定哪个城市和学校，填志愿的事是在高考之后，现在先把自己最好的状态拿出来，静心备考，不辜负自己这一年多的努力吧。"

"嗯，我也是这么想的。"

"不过呢我有个小建议，等高考顺利结束后，你们俩可以开诚布公地聊一次，把事情说清楚了再填志愿，这也算对得起你们当初的约定呀。"

阿俊摸摸头，腼腆地笑道："高考之后再处理，我其实也想讲清楚，又觉得现在讲不清，所以就不想管了，心里又有不甘。"

"完全能理解呢，没事，你先把自己做到最好吧，不光是为了当初，更是为了你自己呢。"

"谢谢老师，每次跟您聊一下，心里就会清楚、坚定一些。"

"其实你有自己的主意，这也是你能坚持一年多持续努力的原因，我看好你哦！"

"我会加油的！"现在的阿俊似乎比当初更清楚自己要的是什么。

这是一例典型的青春期男女生交往个案，正值青春年少的他们，对异性产生性的吸引和懵懂是再正常不过的事情，一边是内心最原始的渴望，一边是来自成人世界的"监视"，越是明令禁止，越能引发他们体内强烈的自我抗争意识，所以对于这类事件，只可"疏"不可"堵"。案例中我贯彻以来访者为中心的原则，始终保持价值中立，不指向问题的解决方式，而是配以真诚、倾听、合理共情、积极关注等咨询技术，获得了来访者的认可，建立了良好的咨访关系，帮助来访者分析问题的利弊，并妥善帮助他自动寻找解决问题的能量，激发潜能。最终，来访者在关系处理中获得了自我成长。

恋爱其实是"练爱"，只有练习了，才会成长为一个懂爱的人，一个值得被爱的人。高中生对于爱情的思考很多时候比我们想象的成熟，但很多时候也比我们了解的更加冲动稚嫩，处理高中生恋爱问题的关键绝对不是外界规定的"能不能"，而是他们自主选择的"要不要"，教师的任务就是要引导他们考虑清楚"要不要"开始这段感情。

感情的维系需要时间和精力，学生能否妥善安排？交往过程中的摩擦和冲突，能否理性应对？彼此之间性的吸引能否做到有效克制？高中阶段最重要的任务到底是什么？如何平衡感性与理性的冲突？

这些都是学生要学会思考的问题，爱情不是洪水猛兽，教师包容接纳的态度会给学生安全的氛围，使其愿意跟你继续深入探讨，这比严厉制止更有效果。当然，如果是班主任可以有更明确的立场：选择权在你，但是作为你的老师，我的态度是不赞同。退一万步说，只要你和学生拥有良好的师生关系，即便学生选择开始一段感情，第一，他面对你不会回避掩盖太多，你可以做到静观其变；第二，一旦发生什么情况，你还可能成为他的求助对象，确保事态不会太糟糕。毕竟高中生发生性行为、意外怀孕等事情已经不是大新闻了。

与其把学生推到对立面，不如告诉他，前面你要选择的这条路可能有哪些路况，你衡量一下自己的车技能否顺利抵达目的地。教会学生如何权衡利弊，做出选择，并有勇气为自己的选择买单，我想这才是一个青少年需要懂得的人生哲学。✑

知识链接

来访者中心疗法

来访者中心疗法，是20世纪60年代兴起的，由心理学家罗杰斯开创。这种咨询方法认为任何人在正常情况下都有着积极改变、奋发向上、自我肯定等成长潜力，在很大程度上能够理解自己并解决自己的问题，咨询师要关注来访者自身的建设性以及健康的一面，相信人能够通过自我引导而成长。

罗杰斯认为咨询师的态度和个性以及咨询关系的质量是首要的，咨询师的理论和技能是次要的，相信来访者有自我治愈的能力才是关键。

女孩受伤了，

想要取暖，

却陷入了虚拟的网络恋爱。

玩起了性游戏，

在青春的梦境里再次受伤，

像摇曳飘零的风筝，

扯线的，是她渴望的美好。

尝试着悦己纳人，

一步步走出伤痛。

——题记

她在那一角落患过伤风

——"与网络男友私奔女孩"的咨询手记

明明，高一女生，平日里较自以为是，同伴关系略显紧张。开学后不久便离家出走，与一网友私奔。她来自离异家庭，由母亲抚养，后随母亲同继父一起生活。寒假期间，她疯狂地迷上网络，经常把自己反锁在房间里上网聊天，任凭母亲怎么劝说都没奏效。后被母亲发现她与一名男子裸聊。

她恨这个家，在网上玩起了性游戏

明明可以说是被"抓"回来的，第一次见面，她阻抗情绪强烈。

这一阶段的咨询重点在于建立良好的咨询关系，我通过放松训练，舒缓情绪，借用意象对话帮助来访者理清和面对自己的问题。

明明觉得她妈妈把所有的事情都跟我说了，认定我觉得她是个坏孩子。

明明："我是坏孩子，我离家出走了！"

我表示接纳和共情："有什么事情让你觉得待在家里不舒服吗？"

明明有些抽噎："我原本有个幸福的家，爸爸走后我妈改嫁了，一切噩梦开始了。这个男人不工作，老喝酒，爱发酒疯打我妈，家里的农活都靠我妈一个人。这该死的家，让我几乎没有朋友，我很孤单！"

"新组成的家庭，让你和妈妈都陷入困境？"我问明明。

"是的，同学们都说我是一只刺猬，我只是不想让他们知道我是个没有父亲的孩子！（警戒心理渐减退）……"明明停了停，眼泪滑落下来，接着说，"直到两个月前，我在学生论坛上认识了一个网友。听了我的生活后，他没有嘲笑我，反而给我安慰。我们每天都在论坛上碰面……除夕晚上，家里又上演了一场酒后闹事，我觉得很无助。他的头像亮了，他说他会保护我！"

这个网友适时出现，让明明感到温暖，网络上的互动让他们变得熟悉，很快确立了恋爱关系。有天晚上，网友要求视频，明明答应了。后来网友试探性地发一些比较色的图片和视频，明明觉得很好奇，一一点开看了。网友告诉她，这些都是爱人之间要做的事情。

"有一次，他说和我玩个游戏，剪刀、石头、布，谁输了就脱件衣服，我开始不愿意。他说爱他不能停留在嘴巴上！于是我们就玩起来了。"

关于"爱他不能停留在嘴巴上"，明明几次避开话题不愿详谈。

我意识到这可能是明明无法正视问题的关键所在。于是，我直接挑明问题："你是怎么看待这些图片和视频的呢？或者我可以问你，你是怎么看待青少年的性行为的呢？"

明明："我觉得很肮脏，无法接受……我不知道他为什么发这些肮脏的图片和视频给我，我很气愤，也很后悔。"

为了能走进她的内心，改变她片面的想法，我决定安排简单的意象对话，试图揭示内在的冲突，诱导其产生新的意象加以解决。

在治疗椅上，我先引导明明进入轻松的状态，请她想象一座特别的房子。

"湖面上的一座小木屋，烟囱不停地往外冒烟，门关得很紧，窗户很小。看起来挺阴森的！"（她的人际关系并不好！）

"能进去看看房子里面的情况吗？"我问。

"屋子里有个火炉，有很多柴火，火烧得很旺！"

"看着这团火，你有怎样的感受？"我问。

"我就站在边上，我好害怕！"

"你试着走向它，这时你是什么感觉？"我继续帮助她直面自己的问题。

"我快要被烧着了，我想往后退，我不想靠近它，可是它好像已经把我烧着了！"

"好，你如果感到不舒服，你可以往后退。（停顿）远远地看着这团火焰，看着它，对它说'你是我生命的一部分，无论怎样，我都会无条件爱你，接纳你'。（停顿）现在，你试着走向它，你可以靠近它吗？"

"嗯，可以了！"明明有了新的突破和改变。

"现在，你在火焰边上，火焰对你说什么？"

"火焰说：'不要害怕我，我很温暖。'"

"好，那你可以做什么呢？"

"我走近些，感到很温暖！"

"很好，现在你再仔细看看炉子里的那团火，它有什么变化吗？"

"它没那么凶狠了，它变小了，现在变成了一些美丽的小水珠，晶莹剔透，很漂亮。"她吐了一口气，面部表情开始放松，感觉比较平静。

"现在你的感觉是什么？"我帮助她明确这种舒适感。

"感觉很干净，很舒服，很轻松！"

"请你记住这种感觉！好的。当你感觉很舒适的时候，请你醒过来！"

"你能再次和我交流下，你对男孩给你发来的图片和视频，以及性行为的看法吗？"尝试了解她对性的态度是否改变。

"我如果不点开那些视频，果断拒绝，他也不会有什么机会……"明明欲言又止。

〽这次的意象对话，已帮助明明舒缓性价值观带给她的内心纠结和痛苦，让其感受到前所未有的放松。不过明明的内心世界似乎还藏着巨大的隐情，而且跟性有关。〽

改变认知，重塑自尊和自信

我感觉明明经过意象对话后，对我的信任度明显加强，也更愿意开放自己的内心世界，其后的一次咨询明明首先开的口。

明明："老师，你知道吗，我一直对您隐瞒了一件事情。其实看了不少的图片和视频后，我和他在网上做了更加不好的事情。那天是除夕夜，我妈看到我和他裸聊，打了我一巴掌。这大概是我有记忆以来我妈第一次打我，当时我真是恨她。所以，我和他在网上做了更加不好的事情。"明明一脸懊悔，声音越压越低。

我试探性地问道："抚摸自己的性器官获得快感吗？（停顿）其实在前一次的意象对话中，你无法扑灭的火焰，让你害怕的火焰在心理学上对应的是性行为。能告诉老师，此刻你的感受吗？"

"老师，我感觉既害羞，又有莫名的轻松感。这段时间我一直在想，我不再是贞洁的女孩，今后也不会再得到幸福。你说我该怎么办？"

"你感到很糟糕，很害怕今后得不到幸福！（停顿）事情真有这么糟糕吗？"我想动摇明明的不合理情绪。

明明沉默了一会儿说："女孩子怎么可以平白无故地被别人看光自己的身子呢？"

我需要帮助明明澄清问题："是的。这事情是怎么发生的？"

"是他……不，是我。如果我不听他的安排，就不会发生，我真笨。"

"那他做了什么安排？"我问明明。显然女孩子在被动无知的情况下被诱导。网友给她发色情网站，越是好奇越想看，越看越自责，但是还是禁不住看了很多次。其实青春期的学生对性好奇是再正常不过了，明明因为过分的内归因带来强烈自责和低自尊感——"因为自己笨……我无法原谅自己！"

我对无法原谅自己有点不解，我希望她能够具体澄清下内疚的内容："能说得具体点吗？无法原谅自己是什么意思？"

"我不能原谅自己轻易相信别人，我不能原谅自己做出羞耻的事情。"

我引导明明明白，她不能接纳的不是每时每刻的自己，不是全部的自己。于是我鼓励明明说一说其他时刻的自己，比如说说自己优秀的品质。明明一一列举，包括孝顺、仗义、知错能改、看到别人受欺负会站出来等。

"是呀！我们不要以偏概全，你还是一个很好的女孩！将来的他也不会因为这件事情而否定你的一切！"这次会谈的最后我纠正明明错误的认知，视频中被看到光着身子和现实生活中的性行为是不同的概念。

  这一阶段的咨询重点帮助明明澄清错误的观念，比如自己是个不贞洁的女孩、将永远得不到幸福、网络世界的性游戏可耻不堪，引导她多角度积极思考问题，从生活的失误中汲取教训，重塑自我。

戒除网瘾，建立新行为图式

这一阶段咨询重点在于借用萨提亚家庭治疗模式，用简单的雕塑技术让来访者和家人摆出一些家庭相处中最有可能的姿势，这些身体姿势排除他们否认或投射家庭生活带来的感受和知觉，将那些超出意识范围的隐蔽信息重新带入他们的意识觉察之中。同时，借用系统脱敏法和代币法，一步步减少明明对网络的依赖。

1. 邀请王女士和明明的继父营造温馨的家庭氛围。

萨提亚家庭治疗模式中比较普遍的一个信念是，问题本身不是问题，应对问题的方式才是问题。我让三位家庭成员一起来看看："发生了什么事情，怎么解决才好？"

明明、王女士和明明继父表示赞同，并且愿意配合做一做家庭相处模式的雕塑。

雕塑1：明明继父，拿着酒瓶子，喝着酒。王女士，一边唠叨一边打扫卫生。明明，正在奋力玩电脑。彼此没有任何真诚的交流，脸部写满对其他家庭成员的不满和不屑。

我请明明先来与大家分享下，看到自己的雕塑的感受。

"我感觉到自己好像沉浸在网络的世界里，不与家人进行交流，有时候甚至连饭都不吃，这样的状态真的很糟糕。"

我肯定了明明真实地表达内心的感受，鼓励她以后在对待家人时也可以用这样的方式去表达对妈妈和继父的感受。

"我感觉我妈妈很辛苦，但是又很无力解决家里的状况，只有一味地唠叨。而他每天就知道喝酒，从来就没关心过我们母女，这个家看起来一点温暖都没有。"

王女士和明明继父听着，反思着，也表达了自己内心对家庭相处模式的雕塑的感受，尤其对明明的雕塑也作了表达：看到明明沉溺到网络的世界里不与外界交流，感到很担心，尤其现在还是学习阶段。

三口之家已经看到自己身上发生的事情了，有没有办法来解决呢？我请大家通过雕塑技术来试试彼此的相处模式该进行怎样的修整。

雕塑2：明明继父，干完了农活拿着农具回到家门口。明明在房间里做作业，呈现思考状。随后王女士摆出的姿势是，在厨房忙碌，招呼明明和明明继父吃饭。

我依旧请他们每位谈谈，看到这样的雕塑各自的感受是什么。

明明说："挺好的，这就是我一直向往的家庭生活。我希望我妈妈给我做饭，而不是忙里忙外地帮忙做农活，农活由男人来做，像刚刚那样多好！"

明明继父听了很不好意思地点点头，王女士也不住地笑着。后来，我还陪同他们共同制定了业余时间的活动安排，可以是户外活动，如晨跑、散步等；要求每个周末家里邀请几个同学来做客，共同分享午餐，帮助明明扩大她的人际交往圈。

2. 借用系统脱敏法，上网时间每周递减一个小时（5—4—3—2—1），每次上网前做好心理准备，控制好时间，适时使用代币法加以强化，完成较好时将获得特别的奖励。

3. 借用音乐放松疗法，要求明明在烦躁时配合音乐做深呼吸冥想放松。

团体辅导，学会接纳和包容

这一阶段的主要方法和途径是：通过团体互动、沟通和反馈活动达到相互启发、促进成长的目的。协助其合理宣泄情感，获得支持和理解，改善以往的自我评价，更好地接纳自己，包容他人，尤其是通过效仿别人的成功经验去对待成长中的困惑。

具体操作：

1. 团队组建。

心理社海报宣传招募团体辅导的成员，要求有网络成瘾经历，家庭构成复杂或不完整，生活上受到过重大事件的打击，符合以上条件之一的本校学生均可报名参加，经由面谈确定团体成员。

团体定位："我在那个角落患过伤风"生活重大事件情绪情感管理辅导。

团队目标：①了解生活重大事件带来的心理压力和情绪情感影响；②学会合理宣泄，减压排压；③培养意志坚强、接纳包容等心理品质，融入新的生活。

2. 团队活动分成三个单元来进行。这里仅介绍单元名称。

第一单元：认识彼此。

第二单元：不能说的秘密。

第三单元：美丽新世界。

3. 团队活动摘录。在第二单元"不能说的秘密"中，通过音乐创设情境，并以冥想的方式，带团队成员进入内心世界里最不愿意跟人提及的部分。学生会主席的分享：从小被父母丢弃，由养父母带大。有一段时间她因被抛弃自暴自弃，后来从养父母那里她感受到自己存在的意义。虽然生活条件很艰难，但是她从未向现实低头，她相信真爱能够带领她和家人脱离物质贫困，获得更多的精神财富。

该学生的心理品质较好，极为积极乐观，类似这样的分享，让明明了解到并不是仅有她的家庭是不幸的，每个人都有自己的困难和苦闷。在一般化的基础上，让明明感受到同伴坚强的力量的鼓舞。

在第三单元"美丽新世界"的一次成长心情分享中，明明道出压抑很久的心声："一直都想回到那个曾经幸福无比的家，却将自己推向虚无缥缈的网络世界，现在我非常后悔。我想我应该去接纳那个不完美的家庭，去包容我的继父。在他内心也必然有块苦闷的土地，我会试着去开垦。"这次分享获得团队的掌声。如此安全环境中的平等互动交流，有助于提高她的社交能力和应对技巧，做到真正释怀，重新去接纳和包容。

 本案例中，明明的现实家庭关系并不和谐，继父的恶性暴行，母亲的忍辱负重，紧张的同伴关系，爱严重缺失的她，将情感寄托于网络世界，玩起了性游戏，甚至派生出离家出走以逃脱这无休止的家庭暴力。来访者要得以完全地恢复需要一个系统的过程，仅仅依靠咨询师和来访者的努力是远远不够的。所幸，案例中来访者的家人、朋友积极地参与到心理咨询过程中，给予重要的情感支持，这是来访者能够走出心理阴影的重要原因。

这或许是中小学生性教育的一个缩影：性教育缺失严重，多半靠自学，出于对性问题的敏感和好奇，无知又躁动，越来越多的青少年受到"性"的伤害。作为教育者，特别是心理健康教育工作者，谈性色变要不得，仅仅停留在生理知识的传授，停留在粗暴地利用几张艾滋图片把性定义为"恶果""苦果""禁果"是远远不够的，性教育应该是一门包含性生理知识、性别教育、性健康教育、性心理教育、性美感教育、性道德教育等在内的综合学科。

经过两个多月的调整，明明不再有网络成瘾的症状，能够自我接纳并且懂得去包容，适应不良症状有所缓和，而且成绩也有了较大水平的提高。她高兴地将成绩单递到我面前，随即将手中的耳机塞入我耳朵，神秘地说："这段音乐是，《我在那一角落患过伤风》。"

如同患过一次伤风，角落里那个女孩终于重新展翅飞翔了…… 💮

知识链接

意象对话疗法

意向对话是一种常用的心理咨询技术，本书有好多篇意象对话的案例。意向对话疗法有好几种，本书的意向对话属于孙新兰意象对话疗法，它是孙新兰博士创立的一种全新的本土心理学疗法，在对来访者爱和信任的场域中，以意象为媒介来呈现心理内容，通过心理咨询师引导与意象对话的方式互动，以启动来访者意象背后原型中携带的完美因子与生之趋力，给来访者更光明的出路和答案，化问题于无形，让来访者借由"问题"的契机，让生命更饱满地进入"没有问题、性灵绽放"的心灵状态。

孙新兰意象对话疗法的优势与应用：

1.涉及人格中最深层的结构改变，效果稳定而持久。改变症状和适应生活只是意象对话心理咨询必然的副产品。

2."问题"只是生命成长的契机，在意象对话中，不以分析意象为重点，而是以爱的底蕴促进意象的整合，从而改变来访者生命状态，改变现实，化问题于无形。

3.让意象发生改变和整合的主要动力来自于受访者的生命状态，以其生命的圣杯为化合的熔炉。

4.心理咨询过程中强调意象间（或与主人间）的对话，而非咨询师对意象的自我判断与干预。

5.在咨询过程中，不会植入新的问题，对来访者的生命富有建设性和祝福性。不管你功力深浅，皆能在初级学习后帮助到来访者。

父亲的离去，女儿的心殇，

失去的爱终将难以挽回。

墙角的木偶，

是恐惧，也是爱，

是该拥抱，还是挥手？

拥抱过去，告别痛苦：

挥手离去，重获新生。

——题记

墙角的木偶

——对单亲女孩青春期恋爱问题的辅导

欣欣是个聪明漂亮的女孩，性格外向机灵，任班级纪律委员。她上我的心理课表现活跃，我对她印象颇深，因此当她出现在咨询室时，我还是有点诧异的。通过与欣欣的接触，我了解到她光鲜亮丽的背后有着许多不为人知的痛苦。

欣欣为单亲家庭孩子，家境一般，父亲患胃癌已去世，家中有个姐姐，嫁给了大城市一个经商的有钱人，妈妈就在大城市照顾姐姐的生活起居。小学时欣欣成绩优秀，但初二后母亲没时间照顾欣欣，她跟一帮成绩不好的同学混在一起，成绩急剧下降，经过初三的努力才勉强考进高中。

进入高中以后，欣欣脾气暴躁，人际关系紧张。自从父亲去世以后，姐姐就对她很严厉。欣欣与母亲关系较好，但她认为母亲更疼爱姐姐，所以对母亲是又爱又恨。近来与同班级男朋友交往一个月，现在有点犹豫想与他分手，但又怕班级同学议论纷纷。

分手的闹剧

欣欣第一次来咨询室时穿着整洁大方，白白的脸上时不时还露出一个小酒窝。首先，我向她说明了咨询的保密原则。她很急切地开始了倾诉："老师，一个月前我开始和班里一男生恋爱，但后来我发现对他没什么感觉了。"

由于有几节心理课建立起的信任关系，她毫不忌讳地谈起了自己的恋爱史："他就坐在我的后面，经常帮我补习作业。我一个人在家没饭吃，他就经常帮我叫外卖，生活上非常关心我。后来我说想成为他的女朋友，结果他说也喜欢我，于是我们就很自然地在一起了。"

我对于欣欣的主动表白有些诧异，我略微感受到她与别的女生非常不一样。我很想走入她的世界："他一直关心你，你应该看得出来他很喜欢你，但为什么是你先急着表白呢？"

欣欣似乎被我问住了，她仔细思考了一下："我也不是很清楚，就是觉得他对我很好，我就特别想跟他在一起。"

我继续问欣欣现在对他的感觉，她说："日子久了，现在觉得自己不喜欢了，想分手，又觉得对不起他，而且……"她停顿了下来，欲言又止。

我感觉到停顿内容非常重要，有可能是打开欣欣心扉的重要信息，于是我继续追问："除了不喜欢他以外，还有别的原因吗？"

她说："因为班里有好几个他的死党，他们都知道情况，如果我甩了他，他们都会来指责我，到时候我在班里就更惹人讨厌了。"

我感到疑惑，我需要她澄清一个问题："你能具体说说惹人讨厌是什么意思吗？"

"我是班级的纪律委员，当晚自修特别吵的时候，我就会大叫，朝他们怒吼。"欣欣说的时候自己也有点惊讶。

我对此感到特别不解，如果说她只是维持纪律的话，没必要去怒吼，也不可能每天晚上都这样。这时，我沉默了，我觉得我有必要走进这个看似可爱却又不同一般的女孩的家庭，了解她的成长经历。

欣欣并没有抗拒，主动跟我说起了她的家庭："现在我家里只有妈妈、姐姐和我，在我小学六年级的时候爸爸就去世了（哭了，情绪有点难以控制）。爸爸去世以后，家里越来越艰难，那时候我又很叛逆，初二的时候还辍学出去混。所以，那时姐姐一看到我就很生气，经常指责、打骂我。因此，我不喜欢我姐姐，我也经常对她怒吼，虽然我的生活费是她给的。我妈很疼我的姐姐，虽然也疼我，但是她怕姐姐。"

我试着用换位思考的方式启发欣欣去改变对姐姐的看法，让她明白她的很多想法缘于青春期的叛逆，并与她一起探讨主动与姐姐沟通的方法，欣欣都欣然接受了。处理好眼前问题后，我约她下次过来做一个意向对话。

咨询初期，我采用情绪宣泄和心理支持治疗，让她发泄焦虑、孤独、抑郁的情绪，缓解情绪问题。这个阶段，我对欣欣的情况有了基本的认识，从班级情况到家庭变故，良好咨访关系的建立为下一步咨询奠定了良好基础。

通过初次咨询，我始终有一种感觉，觉得欣欣所有的问题都指向了她的父亲，她与父亲之间的关系才是所有问题的根源。

墙角的木偶

过了一周，欣欣如约而至。一进咨询室，她的外向性格就开始展露出来，她笑着对我说："老师，虽然我不清楚上次你说的意向对话是什么，但是这周我一直都很期待。"

看见她的笑容，我也很开心："嗯，等下我会让你闭上眼睛，闭上以后要好好地配合我进行冥想，把你看到的一切说出来，好好去感受，只要真心投入一定会有收获的"。

欣欣再次微微一笑。

于是，我放低声调："好的，现在请闭上眼睛，找一个你最舒服的姿势坐着，深深地吸气，慢慢地呼气，再来一遍，深深地吸气，慢慢地呼气，再来一遍。现在放松你的头部，放松你的肩部，放松你的腰部，放松你的脚。"

"现在你的眼前出现了一条小路，你沿着这条小路往前走，往前走，你看到了一间房子，能看到吗？"

"如果你看到了，你能描述下那间房子吗？"我轻轻问道。

"它是一间一层楼的旧木屋，门上有好多灰尘，好像很久没人住了。门口有一张破椅子，门槛比较高，门上还贴着恭喜发财的对联！"

"房子有门窗吗？"我想让她看得更清楚点。

"有，但是门和窗户都关着。"她的声音也略微小了些。

"好，慢慢向前走，慢慢地推门进去看看……你看到了什么呢？"

"里面烟雾缭绕，环境很差，我有点呼吸困难，我不想进去了。"欣欣似乎有些抗拒。

"你现在如果感觉有点难受的话，那你就站在门口，只要看看里面的布置就可以了。"我觉得越是来访者不敢触及的才越有价值，我得慢慢鼓励她。

"里面很简单，就一张床、吃饭的桌椅和一个旧式的炉灶，还有一只猫，在桌角底下。"她看得很仔细，她的意向也很明显。

"试着往里面走一点，你还能看到什么？"我继续鼓励她。

"灶台生火的地方还有些火星，锅盖还冒着烟。"她鼓足了勇气往前看（沉默了许久），"灶台墙角柴火堆上有个东西，很可怕。它的眼睛直盯着我，我有点喘不过气来了，我想离开这里。"

"不用紧张，慢慢退回去，去把门打开一些。"我怕她会很害怕眼前的一切，所以我想先让她慢慢退回去。

"好了，现在有阳光了，我们不怕了，勇敢一点，回头再去看看墙角的那个东西，或许它并不那么可怕。"我搭了下她的肩膀。

"我还是有点害怕，不过我看到了，是小女孩模样的木偶。"欣欣说道。

"能详细描述一下吗？"我希望她能再多看看。

"她躺在柴火堆里，金黄色的头发，圆形的脸蛋，双手张开，眼睛直瞪瞪地往前看，有点吓人。"欣欣还是很害怕的样子。

"给自己一点力量，你看看她也挺可爱的，她现在非常孤单，去触摸一下她，抱一下她可以吗？"我还是在不停地鼓励她。

"我还是有点怕。"她开始要慢慢退缩了。

"小木偶其实是你生命的一部分，不管她怎样，我都应该无条件地爱她，接纳她。试着在心里对自己重复说几遍……现在再慢慢靠近她，可以吗？"我反复学着意向对话里面的经典语句，希望能有用。

"我慢慢走到她旁边了，可是她太脏，我不敢抱她。"

"好吧，我们慢慢来，你能说说她是怎么放在这里的吗？"我想让她先对木偶有点具体的感受，这样才能消除恐惧感。

"我想她是一位叔叔从地上捡的，然后想要送给谁，可是没人要，于是她就在这里待着，应该待了很久了。"她的语调很缓，声音很低。

"那她肯定很孤单，所以她需要你的关爱，你能慢慢去摸下她吗？"她很勇敢，我觉得她能做得到。

"她虽然脏，但是抱着松松软软的，感觉很温暖。"

"那你把她抱出去可以吗？她很需要你带她走。"我再次鼓励她。

"她很可怜，我现在慢慢把她抱出去了。"她似乎不是很恐惧了。

"你做得很好，欣欣，现在请沿着原来的那条小路慢慢地走回去……当我数5—4—3—2—1时，你将慢慢地睁开眼睛，而且你会感到非常的舒服。"我想欣欣已经看到了足够多的意向，应该出来了。

"那个木偶你见过吗？"我觉得这才是最关键的意向，我需要更多地了解。

欣欣哽咽住了，慢慢开始哭泣："其实那是我爸爸扫垃圾的时候捡给我的，也是我小时候唯一的玩具，可惜搬房子的时候弄丢了。"

我给她递了几张纸巾："你的爸爸肯定很爱你，对吗？"

欣欣继续哭泣着，几乎说不出话……"老师，我不想说了，我先走了。"

《本阶段我运用"房子意向对话"让欣欣重新认识自我，意向对话中墙角的木偶玩具既是过去爸爸的关爱，也是现在自我孤单的体现，木偶其实就是缺失的父爱的载体。问题的根源已渐渐浮出水面，接下去就是如何勇敢面对这份缺失的父爱了。》

缺失的父爱

"老师，上次做完咨询后，我觉得那个小木偶很像我。我感觉自己也是这样一个人待在那里，没人理会。"欣欣一进来就开门进山，看起来她已经把我当作很好的朋友了，我们已经确立好了良好的咨询关系。

"那如果可以，你最想谁陪着你呢？"我疑惑地问道。

"我想我爸爸，我希望能再见他一眼，我很想念他，我心里总觉得他还是没有离去。"我能感觉到欣欣内心对父亲的爱是真挚的。

"你很想念他，你很想再跟他说会儿话，是吗？"我澄清了下问题。

"是的，我真的还有好多话要跟她讲。"看来欣欣的内心压抑了好多话。

"在你爸爸走之前，你有对你爸爸说些什么吗？"我问道。

欣欣说道："老师，我很内疚，我爸妈把我送到城镇小学读书，住在亲戚家，所以爸爸走的时候，他们说我小，没告诉我，等到我下次回来时已经是参加爸爸的葬礼了。"

我开导她："那既然有遗憾，用冥想去跟爸爸做一次告别怎么样？"

"老师，我愿意试试。"她很开朗，似乎能接受任何事物。

"好，现在请闭上眼睛，找一个你最舒服的姿势坐着，深深地吸气，慢慢地呼气……让老师再带你去见你爸爸最后一面，好吗？"看着她闭上眼睛，我继续引导，"现在让自己回到那天，你急切地搭乘去老家的公交车回到家，下车了，你沿着乡村小路急忙往家里跑，你推开门一看，爸爸躺在床上，妈妈坐在身边，流着眼泪，你看到了吗？"

欣欣突然热泪盈眶，撕心痛哭，"爸爸，爸爸，爸爸……"，她就这么一声声地呼喊爸爸。

几声呼喊后，我鼓励她："能上前跟爸爸说些什么吗？"

"爸爸，你别走，你别走，我最需要你了。"欣欣的声音变得低沉，但是内心的这份愿望是强烈的。

"爸爸怎么跟你说？"我急切地问道。

"爸爸说他肚子很痛，很难受。他让我用功念书，不要像他那样扫大街，给人看不起……"我想这是她记忆中爸爸经常跟她讲的话。

"看来爸爸真的过得很辛苦，那试着跟爸爸告别好吗？"我希望她能正式跟爸爸做个告别。

欣欣有些抗拒："不，我做不到。"

"你可以的，你那么爱你的爸爸，他真的很想解脱，让他毫无牵挂地离去，最后跟他说句告别的话吧。"

欣欣哭得更伤心了："爸爸，我会想你的……"（哭声持续了好久，很难停下来）我想，欣欣始终无法说出"再见"这个词。

"好，现在当我从 5 数到 1 时，你将慢慢地睁开眼睛，当你睁开眼睛以后，你会感觉到身体里充满着一股新的能量，然后你会很自信地面对生活，好，5—4—3—2—1，睁开眼睛！"

睁眼后，欣欣还在哭，疯狂地哭，似乎根本停不下来，眼泪湿润了她的脸颊，我想这是她压抑了多年的情感的一次大爆发。

🔖欣欣的家庭里唯一关心她的男性是小时候记忆中的父亲，她的潜意识中似乎还无法跟这份亲情告别，于是她的心中总压着一块沉甸甸的石头，因此如何宣泄积压的情绪成为咨询的重点。本阶段我运用"冥想技术"，帮助欣欣与逝去的父亲做一次正式告别，完成"未完成的事件"，让久久压抑着的情感洪流来一次大的喷发。我相信只要压抑的情绪宣泄了，认知也会慢慢发生改变。但是，本次咨询让她与父亲告别似乎操之过急，没有关注到来访者的情绪承受力。

寻求爱的力量

一星期之后，再次与欣欣在咨询室会面，我看到了她脸上的笑容和深陷的小酒窝，我料想她应该慢慢地走出来了。

每次都是欣欣先开口："老师，谢谢你，上次跟爸爸的诀别让我感触很深，我似乎感受到了一股强大的力量。那天哭了以后，我有一种从未有过的舒服，仿佛完成了一件最重要的事情。"

我试图让她看到问题的本质："其实你压抑的情绪主要来自父爱的缺失，你自己不清楚，因为父亲逝去的伤痛你不敢触碰，你感觉自己承受不了，一旦你宣泄了这种情绪，你的内心就会释怀。"

欣欣点了点头，似乎明白了问题的根源。

"爸爸是爱你的，爸爸给你的温暖是你这辈子最美好的记忆。同样地，爸爸也希望你能够快乐成长，希望你能在姐姐和妈妈的温暖下健康成长，你觉得呢？"

欣欣的脸上再次泛起了笑容，心中有很多迷雾渐渐散开了："而我却对妈妈和姐姐都很叛逆，觉得她们都做得不好，都不爱我，所以全世界都没人给我温暖。"

既然欣欣说到了问题的本质，我觉得可以把她咨询的问题摆出来了："而你却很想要得到这种温暖，于是你渐渐把男同学的关爱转化成温暖。"

欣欣想了想，向我详细叙述了她的恋爱："刚开始谈恋爱的时候，他还是很关心我的，我感到非常的开心。但后来他好像有点烦了，我发现他周末更愿意回家去陪家人，所以我就开始有点讨厌他了。"

"听你这么说，你跟他可能并不是一场牵肠挂肚式的爱情，而是寻求一种安全感，一种孤单寂寞时的陪伴。"我分析道。

听我这么说，欣欣彻底感悟到了："老师，我想我知道该怎么处理我跟他的关系了，我会跟他讲清楚的。"

"你非常聪明，相信你能很好地处理这件事情。"我鼓励她。

"可是老师，如果这样，同学都会说我甩了他的，说我玩他。"欣欣看着我，希望我能给出两全其美的办法。

我只能跟她说："有时候很多事情不会两全其美的，你需要做出一个对你伤害最小的选择。而你与同学之间的关系，才是决定同学们对你的看法的关键。"

欣欣想了想："以前当同学说我不好的时候，我就狠狠地骂他们，如果他们再不听，我就说叫人来打他们。我想我得好好改改脾气，然后多去跟同学一起玩，这样他们会慢慢接纳我的。"

    欣欣是单亲家庭孩子，父爱的缺失造成她的不安全感，她试图通过愤怒宣泄她内心的这种不安全感，因此她脾气暴躁。恋爱问题只是一个表象，其实是父爱缺失的补偿。欣欣并没有意识到这个深层次问题，只是单纯地认为恋爱没有朝着她想要的方向去走。问题的根源在于缺乏爱，所以帮助欣欣感受到爱，才是解决问题的最好办法。经过几次咨询后，来访者的情绪得到了彻底释放，开始有了积极的转变。通过此次咨询，我感觉到爱的能力的缺失才是心理问题最终的成因。

1.意向对话不注重分析而注重传递爱的能量。

我采取房子意向疗法了解欣欣自我家庭角色的定位，在这个过程中会生成很多意向。辅导者在通过意向了解来访者家庭状况时，要侧重于"爱"的辅导，而不是分析家庭对来访者自我角色的影响。同时意向对话中要时刻考虑来访者的恐惧害怕心理，来访者会对自己生成的某些意向有所抗拒，这既是一个辅导点，也是一个挑战点，一旦陷入极度恐惧会带来负面效果，所以在遇到恐惧意向时应逐步引导，切忌让来访者的心灵再次遭受伤害。

2.只有情绪得到宣泄，来访者才会有理智的想法。

本案中来访者能够理智地对待自己的问题，并愿意做出积极的改变，缘于来访者对父亲的压抑了多年的情感进行了彻底宣泄。这种未完成的仪式困扰来访者多年，这恰恰承载着对父亲的爱，这种爱必须通过某种哭喊宣泄才能真正得到释放。所以当来访者进行冥想，看到父亲时的那一阵阵呼喊是感人肺腑的。这种哭喊是最单纯真切的呼喊，一声声"爸爸"让人撕心裂肺，那时我能感受到失去父亲关爱的痛苦，那时我的眼角也泛起了泪水，这是我做咨询以来第一次给自己拿了纸巾。🎼

失恋 99 天

——对由失恋引发的抑郁焦虑情绪的辅导

扬扬，高二男生，高个子微微胖。

他主动来到心理咨询室寻求帮助，说话间常唉声叹气，给人的感觉是很消沉，但思路比较流畅。两周前他在家休养，返校后情绪持续低落，无心上课，较多时间趴在课桌上，醒后有不适感，白天困倦觉得疲乏，感到忧虑和焦虑。

我问起原因，他说自己失恋了。

高一下半学年，他结识了隔壁班小粉，在短暂追求后两人确立男女朋友关系。到现在有一年多了，小粉突然提出分手，理由是已接受了扬扬好友的求爱。此后两周，扬扬开始不怎么说话了，也很少和朋友出门游玩，总觉得睡不好，记忆减退，精力变差，而且一听到同学提到小粉就会愤怒、暴跳如雷，所以请病假在家休养。两周后家长要求扬扬返校，他情绪持续低沉，表示希望通过咨询让自己重新振作。

为了更好地评估扬扬的情绪状态，经他本人同意施行 SCL-90（症状自评量表）、SDS（抑郁自评量表）、SAS（焦虑自评量表）测试。SCL-90 测试结果显示总得分为 218 分，躯体化均分 2.3，强迫症状均分 1.8，人际敏感均分 2.4，抑郁症状均分 2.9，焦虑症状均分 2.3，敌对症状均分 2.9，恐怖症状均分 1.4，偏执症状均分 1.8，饮食睡眠均分 3。总分偏高，躯体化、人际敏感、抑郁、焦虑、敌对、饮食睡眠这 6 项均明显高于常模，而抑郁、焦虑、饮食睡眠障碍更是接近了严重值。

SDS 测试结果为标准分 61 分，有轻度抑郁。SAS 测试结果为标准分 63 分，有中度焦虑。

我真的很崩溃

扬扬不停地握拳，松拳，显得紧张又愤怒。

他说："我们交往有一年了，我对她真的很好。平时，我爸妈基本不在家，我所有的事情都和小粉分享，我感觉她几乎成为我生命里的全部。可是一个多月前，小粉突然提出分手，后来才知道她和我好朋友好上了，这怎么可以！我气得浑身发抖，但是又碍于面子心里憋着一股火没法发作。"

"你觉得很窝火，很受伤……"（同情，鼓励来访者继续倾诉。）

扬扬想挽回小粉，一直粘在小粉身边。但最后，小粉还是彻底拒绝了扬扬，扬扬情绪跌落到谷底，整个人就变了。原来钟爱的社团活动也不去了，厌烦学习，觉得精疲力竭，上课也趴在桌上。晚上想好好睡一觉，但是总是睡不好，原本胃口很好，现在茶不思饭不想，后来想躲起来不想见任何人。

扬扬抬头看着我，问："老师，你知道那种被人背叛的感觉吗？现在我不知道要怎么办。"

扬扬最后真的躲起来，请了两周的假。平时基本不管扬扬的父母，这两周围着他团团转，这让扬扬感到很虚假，不想理父母。有时候他很想去质问小粉。想到这些，扬扬根本没有办法睡觉。

扬扬把这些都憋在心里，跟谁都没提，有些同学拿这件事情开玩笑，讽刺扬扬女朋友被人抢走了，是个后知后觉的草包。欣慰的是，扬扬这次来咨询室把自己内心的感受毫无保留地说出来，把一直积累在内心的负面情绪都说出来了。

我递了张纸巾给扬扬，等待他平复情绪后，我问他："当情绪快要满出来的时候，你是怎么做的？"

"我极度想压抑着自己的情绪，可实在是受不了了，就对我同学咆哮，拍桌子，指责他们。我自己也很难过，很后悔，无法面对同学们就只好趴在桌上，搞得大家都莫名其妙的。这之后朋友们都不敢靠近我了，刻意疏远我。我不想这样做的，可是我控制不住！"

我尝试引导扬扬用合理的方式来表达自己的情绪，问扬扬："除了压抑下去，还有其他的办法吗？"

扬扬有些疑惑问道："清空一些？"

我表示赞同，鼓励扬扬去"说"情绪，用心去表达，去倾吐，而不是"做"情绪。（"捧"来访者为英雄，激发他自我成长的力量。）

扬扬对于"说"情绪和"做"情绪比较困惑，我向扬扬说明，"说"情绪指代真实体验自己的情绪，用"说"和"表达"的方式。同时启发扬扬思考"做"情绪是怎样的。扬扬略显羞愧地说："像我之前那样？随意对人咆哮，拍桌子，指责同学……搞得同学们都疏远我了。是我的问题吗？（停顿）我得好好改一改了！"

我给予扬扬更大的力量，肯定这样的他一定很棒，会让周围的人们更懂他的内心感受，更容易走近他，也包括他的父母亲。

家庭作业：

（1）尝试把发生的事情以及内心的感受告诉自己的父母，包括平时你感觉到缺乏父母关爱的感受和体验。

（2）与同伴相处过程中，尽量不"做"情绪，而去"说"情绪。

（3）多参加体育运动，睡觉前跟着音乐视频做放松训练（给予指导语和轻音乐配套视频）。

（4）约好下一周准时见面。

❧来访者积累的负面情绪在咨询过程中得以缓解和宣泄，应对生活事件的正面能量正在增强，愿意修正与周围同伴的人际关系，使得他的社会心理支持体系得以壮大；同时做睡眠指导，改善来访者睡眠质量，减轻由睡眠带来的焦虑和不安情绪。❧

我想原谅你，我的好友和我的前女友

约见咨询的前一天，我和扬扬的父母以及班主任通了电话，得到较好的反馈，并且收到来访者的一条短信："老师，《失恋33天》里的王小仙说：'如果分一次手要一个月才能不再阵痛，不再时时都想求他回头，想到他名字时不再心慌手颤，那我已经成功地走过了三分之一的路段。'虽然我已经不能让她回头，但我只要想到她的名字我还是心慌手颤，我还是不能原谅他们。我已经走了两个多月……老师，我真的想走出去！"

第二天，咨询室里的扬扬首先开口："老师，你收到我发的短信了吗？"

我点了点头，跟扬扬商定这次的咨询重点。扬扬点了点头表示自己很想走出去，却又合上嘴沉默了。我没有打破沉默，给了扬扬足够多的时间思考，等待他开口跟我谈他对"情感背叛"这件事情的感想，或者说点任何他想说的。

最终他开口说了："老师，上一次回去我并没有主动跟父母提这件事情，但我父母追问我们的咨询过程时，我最终还是告诉了他们。我没想到他们竟然没有骂我谈恋爱什么的，还跟我说了很多对不住我的话，我感觉很温暖……"

扬扬在做着铺垫，我在边上安静地听着，听着他去梳理自己的情绪，尽量没有直接切题，这些都是他取得的进步，由他口述再次正强化再好不过。

扬扬接着说:"可能是我真的有改变,同学也似乎变得和善了。以前我晚上基本上都睡不好,现在我最难熬的是早上第一节课后的跑操。小粉的班级就跑在我们班级前面,这对我来说很难,就像《失恋 33 天》里说的,失恋最痛的也许不是失去了那个人,而是忘不掉与那个人一起时的那份曾经。当然我更忘不掉的是他们对我的背叛。我对他们真的很用心,一个是我最好的朋友,一个是我最爱的女孩。"

我感受到扬扬的情感交织,这里面有拥有友谊和恋情的美好,也有他和她的背叛。

扬扬接着说:"我感觉自己是个大傻逼,真的很失败,最后一个知道原来他们早在一起了,我当他们是这么好的朋友,为他们付出了那么多。他们如果真的是相爱的,可以跟我说的,我也会成全他们的。可是这样我没有办法原谅他们。"

我从扬扬的表达里读到了一个信息:扬扬已经不再纠结和小粉的恋情了,只是很生气他们身为好朋友,没有告知自己事实的真相,脑子里充斥着"凭什么,为什么,怎么可以"等不合理的理念。

"凭什么,为什么,怎么可以? 凭什么,为什么,怎么可以?(重复)显然你有很多的疑问,那要怎么才能解开你内心的疑惑呢? 你心里有答案吗?"

我一方面鼓励扬扬反省自己的不合理理念,另一方面让扬扬自己寻找问题的答案,同时通过空椅子技术来探究下扬扬及身边的朋友是怎么想的,接下来又会选择怎么做。

我拿了三张椅子围成半圈,向扬扬说明,贴着"扬扬"字样的代表扬扬本人,贴着"前女友"字样的代表小粉,贴着"好友"字样的代表小粉的现男友,一旦坐在别人的椅子上就尽可能真实地扮演对方的角色,说对方可能说的想法和话语。

扬扬首先选择的"扬扬",他指着"前女友"和"好友"说:"你们为什么要这么做? 小粉,你难道不知道吗,为了逗你开心,我每一天都陪在你边上，帮你买早餐，你生病我就请假，你生日我买礼物，你值日几乎都我做的。可是为什么你身边总是围着一圈男生？你有想过我的感受吗？"转向另一边："你呢？我最好的朋友，我让你去和小粉说我爱她，你说的是什么？"

我肯定他真实地扮演了自己，并且让他坐到"小粉"的位置上。

扬扬（扮演小粉）："我知道你对我好。但你知道吗，（停顿）你几乎没有给我任何的空间，我快要成为你口袋里的一件物品了，我跟任何男生说上一句话，你就立马问我他的情况，搞得大家都很紧张。"

说到这，扬扬站了起来说："可那也是因为我爱你！"

扬扬转过来跟我说："老师，我没有办法扮演下去了。"

我鼓励扬扬试着继续扮演看看，走进去了解小粉内心的感受。

扬扬（扮演小粉）："有一次，团支书过来跟我商量班级义工活动的事情。你冲到教室里要打他，你这样子想过我的感受吗？除了你以外的男生，我是不是都不能有半点联系？"

我提醒扬扬："其实你一直知道小粉的这些想法。"

扬扬："是的，她跟我提了很多次，只是我内心没有力量去承认。"

我："你的勇敢带着你做到了这一点！那现在你要不要换到'好友'的位置上坐一坐，试着也去了解他的内心世界？"

扬扬（扮演好友）："其实，我也很喜欢小粉，在你追求到小粉之前。只是我一直想还是默默做朋友好了。你一直想我去跟小粉表达你爱她，我也很为难，在你们吵架后，我有了机会陪着小粉，我感觉她和你一起时压力太大，我可能比你更适合她。"

扬扬自觉地坐回到自己的位置："那你为什么不跟我说呢？她有压力，我可以改的。"

扬扬（扮演好友）："你是可以改，不给别人压力，多考虑别人的感受，不拿一点点付出就要求得到全天下的爱，那我也要改吗？把我对小粉的爱也改了吗？"

扬扬："我没这么说！"

扬扬（扮演好友）："你总是这么做的，你做事情总是不考虑别人，以自己为中心，你知不知道你的口头禅，让我们周围的同学多么无语……凭什么，为什么，怎么可以？我还想问为什么都要听你的，为什么每一次都是你对，为什么每一次都是你没有办法，需要我们来改变，来为你着想呢？有没有可能你也为大家想一想？"

我："扬扬，现在的你是怎么想的呢？"

扬扬："我和她的分手，也许大部分是我自己的原因吧！"

我："能具体说说看，有哪些原因吗？"

扬扬："我总是觉得自己付出就应该有回报。小粉应该爱我跟我爱她一样，我没想到会给她这么大压力，爱她却让她觉得自己是附属品，我想谁都不愿意的。至于我的朋友，我实在也没什么可说的，我当然希望他别这么做，但是又有什么办法，我想他的爱，也和我是一样的吧！"

我："我很高兴，现在的你找到了事情发生的真实原因。今天布置两个家庭作业：（1）现在，你会怎样选择？今后，如何面对你的前女友和好友？（2）思考你的好友说的，你的口头禅'凭什么''为什么''怎么可以'，列一列生活中你曾经如何使用这些句子的，想一想它们对你的生活带来怎样的影响。下一次我们就这个问题重点开展探讨，好吗？我们下一周准时见面。"

⸓通过空椅子技术帮助来访者澄清自己的思路，了解生活事件中其他人的想法和感受，换位思考，放下他人，释放自己，形成"有麻烦但不纠结"的情绪局面；同时布置家庭作业，让学生了解不合理思维模式在生活中可能存在的影响，这几乎是扬扬心理困惑的症结所在。⸓

我想有别的可能性，我可以做到

扬扬："老师，我回去好好想了想这段时间发生的事情，特别是我和小粉还有我好朋友之间的相处。他们对我做的忍让也许真的很多吧，我以前一直认为是我太单纯，太傻，付出那么多，一点收获都没有。现在想想，其实是我太自私，一旦付出就希望对方给我反馈，也不管对方是不是愿意，开心不开心。"

我鼓励扬扬在挫折中体验成长，能够以新角度去看每一件事情。扬扬笑了笑，点了点头，向我展示他的家庭作业，让我帮他看看！

我摘记了一些：

"凭什么你们说做生意忙不回来吃饭，就不回来吃饭，剩我一个人在家？"（对父母）

"大家晚自习时都讲话，你为什么就揪着我不放，就批评我一个人？"（对老师）

"小粉，你为什么就不能理解我对你的爱？我希望你只跟我一个人好，你为什么一定要和男孩聊天，有时候还说说笑笑呢？气死我了。"（对小粉）

"你身为我的好朋友，怎么可以跟我的女朋友'好'呢？"（对朋友）

"每一次都是我请客吃饭的，出一点点事情，非但不帮忙还起哄，你凭什么这样呀？对得起我吗？"（对普通同学）

我运用角色扮演和雕塑技巧，夸张地演绎扬扬所写的每一句话。扬扬情不自禁地笑了，并打断了我"绘声绘色"的朗读。

扬扬："老师，我知道了。您别念了，是我的思维方式在作怪。那怎么办呀？"

我："你看，能不能把它们都当成病句，修改修改？你来试试看！"

扬扬："我想爸爸妈妈应该有重要的生意要谈，所以不回来吃饭，我可以做到一个人吃饭，或者找其他同伴一起。"（修正）

我："很好，继续试试看。"

扬扬："老师肯定也看到其他人在讲话，因为我是班委要起带头作用的，不批评我说不过去……"

扬扬一句句地修正完毕，我给他清单上大大地打了勾，并给他画上五颗星。他突然想到什么，眨眼问："老师，我想我需要给小粉和好朋友道个歉。在和他们相处过程中，我说过的'烂话'实在太多，太伤人。"

我赞扬扬扬学会自我觉察了。从扬扬的表现，我能预见扬扬、小粉以及她的男朋友化解的场景，与父母、老师、同学和睦相处的画面……我鼓励扬扬："在未来你会如何做到这些呢？"（帮助来访者做整件事情的最后梳理以及探讨属于他的新的可能性）

扬扬："让我想一想。（停顿）我想，小粉在隔壁班，很近的，出了教室，就能碰到。我会放下面子大胆地跟她和她的男朋友说，之前的事情是我的想法太偏激了，说了很多伤害大家的话，给大家带来了困扰，也把自己陷进去了。"显然，在这段青春恋情里，扬扬已经做到不再纠结，那么家人方面的关系互动呢？

在我的引导下，扬扬："说实话，我爸爸妈妈很爱我，现在我只要想到这一点，我就能收起我对他们很多不合理的要求。不过我想我可以试着跟他们提一提合理的要求，比如多陪陪我而不是一味给我零花钱。我想对他们说我的情绪：你们每一次变卦说不回家吃饭的时候，我都很难过，我觉得我不被你们重视，我希望你们能够多陪陪我。"

"说"情绪的确比"做"情绪更容易接近我们想要达成的目标，我再次鼓励扬扬以这样的方式来反思如何对待老师和同学们。

扬扬："（笑了笑）以前，我总是觉得我付出多少，别人就得给我想要的回应。不这样，我就会觉得他们对我不友好。这样的想法太绝对了，他们也是想缓解我的情绪而已。如果他们处处让着我，我也不见得喜欢这样的方式，是我自己没处理好自己的情绪，跟他们无关。我争取遇到事情多角度想想看看，有没有别的可能性，我想我可以做到。"

我支持地点了点头，并结束了咨询。我们商定一个月后回访。

✍通过"角色扮演"和"雕塑"帮助来访者了解不合理思维模式在生活中带来影响，以及可能存在的不经意间的伤害，帮助来访者做整件事情的最后梳理以及探讨属于他的新的可能性。借用"未来想象技术"帮助扬扬正视自己的问题，重塑和健全自己的人格特征。✍

咨询结束一个月后，笔者回访了来访者的班主任，班主任反映，最近来访者较以前明显开朗了许多，常常看到他与同学一起讨论学习上的问题，以前看他总是一个人不说话，闷闷不乐的样子。在学习上有不懂的地方，也常来办公室寻求老师的帮助，学习的积极性高了许多。和父母的关系也有很大的好转，家长也致电说孩子明显比之前懂事体贴。据来访者自己介绍，跑操时能够从容面对女孩，他还向女孩和好友道了歉。在失恋 99 天后，扬扬终于能够走出失恋的阴影。

咨询反馈结果与心理测验结果一致：

（1）SCL-90：躯体化 1.9，强迫症状 1.6，人际敏感 1.7，抑郁 1.7，焦虑 2.0，敌对症状 1.4，恐怖症状 1.9，偏执症状 1.0，饮食睡眠障碍 1.6，总分 149；阳性项目数 36 个，除焦虑外，其他各因子分在常模范围内。

（2）SAS：标准分 50，没有焦虑。

（3）SDS：标准分 45，没有抑郁。

由于来访者返校后主动寻求心理辅导老师帮助，求助动机强、合作性好，因此建立良好的咨询关系后，针对其症状的具体情况，第一阶段，采用放松训练和心理支持治疗，允许并诱导来访者发泄其焦虑、紧张、抑郁的情绪，来缓解当时的情绪问题，同时帮助他了解情绪表达的方式和方法，学会"说"情绪多于"做"情绪；第二阶段，通过与来访者共同分析问题，运用"空椅子技术"帮助来访者寻找自己的情绪问题的根源所在，来改变来访者原不合理的认知，认识自己的人格缺陷；第三阶段，运用行为训练法（角色扮演＋雕塑技术），帮助来访者学会自我觉察，借用"未来想象技术"帮助来访者从容面对前女友，学会用积极心理学的方法来解决问题，从而来进一步完善来访者的人格。

在八次咨询后，来访者逐渐从烦恼、紧张、焦虑等负向情绪中解脱出来，达到了咨询目标，咨询效果也得到了来访者的肯定。本次咨询有以下感悟：

1.诊断：抑郁焦虑情绪与抑郁症、焦虑症以及神经衰弱非常相似，特别是来访者因为负面生活事件而引发明显的抑郁焦虑情绪，同时还伴随着睡眠障碍时，在诊断初始很困惑，在抑郁症、焦虑症，甚至是神经衰弱症中徘徊，几度被症状吓退，同时担心下错诊断对来访者的咨询过程造成负面影响，一度想着考虑转介。所幸在本案例中，尽管开始时对来访者的心理问题并不能很好地判断，但来访者动机强、阻抗少，因此在收集大量信息后最终诊断。可见，为了不出现诊断错误延误咨询，咨询师除了需要增加理论知识外，还要与来访者建立积极的咨询关系。

2. 家庭教育对孩子的影响重大。良好的教育氛围有助于孩子的身心健康，尤其是特殊家庭，如单亲家庭、双职工家庭更应该关注孩子的心理发展，满足其身心发展中的合理需要。如果家长能每天抽空和孩子进行有效的交流，多支持少指责，多鼓励少评价，多引导少决定，那么亲子关系势必会更加和谐，增强孩子的社会支持体系，给孩子的内心以正能量，促进其健康快乐地成长。

另外，培养孩子的高情商有时好过于培养孩子的高智商，尤其要避免孩子以自我为中心的观念，做好引导和教育，使孩子正确认识自我和认知他人，妥善地管理自我情绪，适当自我激励，为创造和谐的人际关系、与世界的关系打好基础。

3. 学校教师在关注学生学习的同时还需要关心他们的感情世界。

"人不风流枉少年"。青春期的恋爱问题已经逐步引起社会、学校和家庭的关注，但大多数家长，乃至学校学科教师和班主任，在面对学生丰富的情感世界时，所做的更多的是管理甚至是镇压，而不是引导，因此大多数学生出现此类问题时，没有合适的平台去倾诉烦恼和宣泄情感，导致更为严重的心理问题。因此，合理疏导青春期学生的青春萌动和丰富情愫将始终是一项重要重大的任务，需要除专兼职心理教师以外的新鲜血液的注入。

空椅子技术

空椅子技术是格式塔流派常用的一种技术，是使来访者的内射外显的方式之一。这种技术常常运用两张椅子，要求来访者坐在其中的一张椅子上，扮演一个"胜利者"，然后再换坐到另一张椅子上，扮演一个"失败者"，以此让来访者所扮演的两方持续进行对话。

通过这种方法，可使来访者充分地体验冲突，而由于来访者在角色扮演中能从不同的角度接纳和整合"胜利者"与"失败者"，因此冲突可得到解决。通过两部分的对话，使人们内在的对立与冲突获得较高层次的整合，即学习去接纳这种对立的存在并使之并存，而不是要去消除一个人的某些人格特质。

男生、女生？

是上天的玩笑，

抑或是生活的过错？

迷茫的精灵，

终将找到属于自己的森林！

——题记

住错了森林的精灵

——对青春期性别认同障碍的辅导

　　她叫小玲，高一学生，是一个让老师不知道该如何处理的学生。老师在课上点名让学生回答问题时，叫到她的名字，她从来不站起回答，不是因为不知道问题答案，而是认为那不是她的名字，她不会回应。可老师问过学生家长，那确实是她的名字。在班上，她要求所有同学叫她小晨，甚至也要求所有的任课老师这么叫她。考试时，她从来不写自己的名字，而以"小晨"代之。还有一次，学生发放校服。因男女有别，女生是橘色校服，而男生是蓝色的。小玲坚决不穿橘色校服，要求学生给她一件蓝色校服，为此还在办公室与班主任大闹一场。作为班主任的陈老师，不知道该怎么去应对。据陈老师介绍，小玲平时的打扮就很倾向男性，言谈举止也是十足的男孩模样。

上天跟我开了个玩笑

　　又一次与班主任因为名字问题争吵后，小玲走进了我的心理咨询室，一脸的沮丧和迟疑，坐下后一直低头不语。

"我能为你做什么吗？"我真诚地看着她。

"老师，没有人能理解我，班主任一直认为我就是跟他作对。可是我真的没有！"小玲带哭腔地说道。

"那你能说说具体什么情况吗？"我一边递给她一张纸巾，一边轻声地说。

"我不喜欢自己的名字，为什么我就不能用自己取的名字？"她生气地说道。

"什么原因让你不喜欢自己的名字？"

"我的名字里有个'玲'字，这个字听起来很老土，而且一听就是个女生的名字！"小玲语气中带有点反感。

"你不就是一个女生吗？"我反问道。

"不，我是不是女生。我觉得老天爷就是跟我开了个玩笑，让一个男性的灵魂投生到一个女性的躯体中。我觉得自己就是一只住错了森林的精灵，我想找回自己那片对的森林，难道错了吗？周边的人都说我无理取闹，爸爸妈妈不理解，老师不理解，有些同学甚至认为我是神经病。"小玲显得很气愤。

"你什么时候开始觉得自己是个男孩子呢？"

"我从小就认为自己是男孩子，吃的穿的玩的都是男孩的东西。只是到四年级时，妈妈要我穿女生衣服，我就不要！我才不想自己这么可笑。"

从小玲的言谈中，我明显可以感受到她的无助和无奈。作为一个女生，四年级前吃穿都是男孩的东西，这明显有点不符合生活常规。于是我想更深入地去了解一下她的故事。由于时间有限，我们预约了下次的咨询。

第一次的咨询，小玲有明显的消极情绪，有时候说着说着就有些哽咽。这时候我更多采用情绪宣泄和心理支持治疗的方式，让她能发泄内心的苦恼，从而缓解情绪。通过这次咨询，我也感觉到小玲对自己的

性别角色是混乱的，而这症状或许与她的家庭生活环境有很大关系，所以我迫切想要知道她的家庭状况。🖐

错位的抚养，我不想成为她那个样子

在咨询前，我通过班主任了解了小玲的一些家庭情况。她的父亲是当地的村干部，平时工作比较忙，而妈妈是手工业者，大多时间是妈妈在照顾小玲。

据小玲的母亲说，由于自己喜欢男孩子，当小玲出生后，就把她当男孩来养。小玲小时可爱聪明，自己也不以为意。小玲上小学高年级时，她母亲觉得小玲毕竟是个女生，应该多穿穿女孩子的衣服，所以买了些裙子给她，但她坚决不穿。很长一段时间，父母都觉得孩子只是叛逆，故意针对，而未多想，所以只是更加严厉地责骂。上高中后，小玲就一直嚷着要改名字，可是改个名哪有那么容易。家人觉得小玲简直就是无理取闹，给家里添负担。直到有一次收拾小玲的房间，发现一堆莫名的药物，在严厉的质问之下，小玲承认那是为了避免自己来月经而吃的药物，而且她怕自己的胸部发育，长期用布条裹胸。家人知道后有段时间无法接受，却也不知道如何处理，只能是对她严加看管，但小玲私下还是偷偷地吃药、裹胸。

第二次咨询，小玲如约而至，这次她略显平静，落座后就开始跟我说起了她家里的状况。

小玲："我觉得我爸妈挺搞笑的，小时候把我当男孩子养，现在我要当男孩子了，又百般阻挠。"

我："你说你爸妈把你当男孩子养，能说说具体情况吗？"

小玲："我四年级前都是穿男孩子的衣服的，然后突然有一天要我穿裙子，是不是有点傻！"

我："那你不穿裙子，父母有什么反应呢？"

小玲："我妈就是啰唆，骂我也没用，他们闹不过我，也没辙，我还是只管穿自己喜欢的衣服。现在知道我有吃药的事情，对我看得更严，经常搜我房间。"

我："你有跟他们沟通过吗？"

小玲："他们根本不能理解，觉得我是故意气他们似的。我倒觉得是他们咎由自取。"

"这话怎么说？"我有些疑惑。

小玲："也不知道听谁说的，说我爸妈一直想要一个儿子，可是只生了我，然后就一直把我当男孩养大。从小就是男孩，怎么能突然变女孩呢？而且我觉得当男孩好多了！"

我："你觉得做男孩和女孩有区别，是这样吗？对你来说，男孩和女孩有什么不同呢？"

小玲："男孩想做什么就可以做什么，没人约束你。小时候被当成男孩，可以到处玩，也不会管我。现在说我是女孩，然后说女孩不能再到处撒野，成天被要求不能这样不能那样，很烦。而且，做女孩，老了后像我妈那样，得有多烦！就知道啰唆，就知道打骂。"

我："你好像对你的妈妈有点意见，能说说吗？"

小玲："跟你说实话，我妈这个人挺惹人讨厌的，好像街坊邻居也都跟我妈相处不好。我好几次看到她和周边邻居吵架，那种躺在地上撒野的样子，让我都觉得怕。我一直在想，是不是女人都是这样的？我真不想成为她那个样子！"

　　这次咨询中，我了解到小玲的家庭成长环境给她带来了不好影响，使她对女性产生了很多错误的认知。从小玲的言语中，多少可以看出她内心的孤独——不被父母理解，也遭到周边亲朋好友的非议。母亲这一女性形象对她而言是糟糕的，以至于她拒绝让自己成为一名女性。我想通过情绪 ABC 理论对小玲进行引导，于是跟她说明了情况，预约了之后的咨询时间。

理解妈妈，我会找到我自己

过了一段时间，小玲走进了心理咨询室。这次我们直接讲起了小玲对女性的认识。

小玲："我觉得女生都很啰唆，动不动就泼妇一样地大骂，看着就讨厌。"

我："所以你不想做女生，是因为女生很啰唆，让你讨厌，是吗？"

小玲："有一定关系吧，反正我讨厌妈妈这个角色。"

接着我又想引导小玲去认识自身存在的不合理信念，从而认识到不是所有的女性都是让人讨厌的。

我："那老师也是女的，你觉得我啰唆吗？"

小玲："老师你倒不会。"

我："那是不是可以说，不是所有的女生都是啰唆的呢？身边还有没有不让你讨厌的女性呢？"

小玲："有一个同班女生，她也蛮好的，说话轻声细语的，脾气看着就很好，大家都挺喜欢她的。"

我："嗯，很好，还有吗？"

接着，小玲又介绍了几个她身边的不让人讨厌的女性。于是我再次澄清："女生也不都是让人讨厌的，也有很多女生惹人喜爱。"

我想引导小玲去认识妈妈的生活状态，从而试着去理解她。于是我问："能说说妈妈的生活状态吗？"

小玲："她就在家做做手工活，赚的钱很微薄，我爸都不怎么理她，经常不在家，有时还会责骂她。也经常能看到她唉声叹气的。"

我："当你看到这样的妈妈的时候，你是什么感觉？"

"有点可怜她，也有点为她不平。为什么女的就得待在家里，然后还要被忽视，男的就可以很自由，想干嘛就干嘛？"

我："妈妈其实很不容易，对吗？"

小玲："或许吧！"

我想用情绪 ABC 理论，引导小玲认识自己不合理思维的根源，即来自对妈妈这个女性角色的错误认识，并通过事实展开驳斥，重新建立一个新的合理的信念。于是我接着说："之前你觉得做女生是很麻烦的，是讨人厌的。"

小玲："是的，我不想做女生，女生不自由，受很多约束。"

我："那是不是可以这么认为，你不想做女生是不想被约束，想过得自由，想干什么就干什么，是吗？"

小玲想了想，说道："就是这样，这才是我想要的生活。"

我想慢慢引导她："那在你心目中，女生都是受到限制的吗？有没有成功的自由的女性呢？"

小玲："那有的，比如我喜欢的明星赵丽颖，她可是很努力的，演戏很成功；再比如德国总理默克尔，她可是德国头号人物。"

"你的知识很丰富。"我鼓励她，同时反驳她，"那看来不是所有女性都是受限制的，都是没办法成功的。"

小玲想了想，说："那我们这边的女的看起来都是受限制的、可怜的。"

我明白小玲心中的女性的形象来源于她的妈妈，她对女性的不认同，准确地说是对妈妈的不认同："小玲，你是不是觉得很多女性都像妈妈一样柔弱，虽然勤劳忙碌，却经常受别人欺负，被人指指点点？"

小玲："嗯，我其实很不想成为妈妈那样的女人。"

我："妈妈只是其中的一个女性角色，并不是所有的女性都会像妈妈一样。你因为一个妈妈的形象，而把女人等同于妈妈，这是一种过分概括化的不合理的想法。"

小玲想了想："哦，老师，我明白了，我真的是受妈妈的影响太大了。其实我身边也有很多惹人喜欢的女生，做女生也许并不是那么糟糕的，是我自己把问题想得太绝对化了。"

于是，我试着鼓励她："小玲，你很聪明，其实你这样的女生很有个性，现在的男生女生都很喜欢这样的女生形象。"

小玲笑了笑："是的，我跟大家交往都很好，谢谢老师能认同我这样的女生。"

我想小玲有所感悟了，但是我还是想让她明白得更多点，于是我问道："小玲，有时候讨厌一个人也恰恰说明你在同情这个人，所以你是怎么看待你的妈妈的呢？"

小玲："是的老师，虽然妈妈有些时候表现不好，我也有点讨厌她，但是她也是不容易的，有时候看她这么辛苦赚钱，我也很难过。"

我："看来其实你很爱你的妈妈，你是一个好女儿。"

小玲："老师，真是这样的，如果你今天不引导我，我都不知道自己内心是这样的。"

我："所以，小玲有时候只需要改变一下想法，很多事情就不是自己所想的那样，会有不一样的体验。"

小玲点点头，赞同我的说法。

于是，我开始总结了："小玲，你今天表现非常好，你已经能发现自己以前想法的不合理的之处了，也可以用新的想法去代替了。如果你继续努力，你会发现你能进步得更快的。"

小玲："谢谢老师，我会努力的。"

我："今天就到这里结束了，下次见你希望你有新的面貌，我们下次见。"

〳本次咨询，采用情绪 ABC 理论，向小玲指出，她的困扰是由自身所存在的不合理信念所导致的，对于这一点，她自己应当负责任。然后通过对不合理信念的辨析，帮助小玲认识不合理信念的不合理性，从而放弃这些不合理信念，帮助她产生新的合理的认知。〵

两周后，小玲再次来到咨询室，跟我说起了她近段时间的情况。从她的言语中可以明显感受到她整个人都轻松了许多，不再焦虑，也不再太过纠结，也愿意尝试着从女生的角色去做自己。

〳本次咨询案例中的小玲患了易性症，即性别认同障碍。产生性别认同障碍的因素有很多，其中一个是家长误导：比如，有的家长出于对女孩的偏爱或其他原因，将自己家的男孩"装扮"成女孩模样（或反之）……长期"异性打扮"，会导致孩子产生性别认同混淆。尤其当孩子到了青春期，第二性征陆续出现时，心理上更容易产生困扰。而小玲正是从小被当成男孩养大，加上家庭教育的不当，造成了她性别角色混乱。

天生的易性症也是存在的，但从小玲的情况看，我觉得家庭的影响是至关重要的。从小被当成男孩抚养长大的小玲，进入青春期后，拒绝接受自己是女生的性别角色，而家人不合理的家庭教育方式，让小玲从心底对家人产生反感，也对母亲这个女性角色感到抵触，加重了自己对性别角色的错误认识。

我觉得，心理辅导教师应以心理健康辅导活动课为平台，在班级开展青春期文化教育，联合各班班主任，帮助学生更好地去塑造自己的性别角色。同时，还应开办家长学校，举办亲子活动，如"爸爸与儿子的对话"或"妈妈与女儿的对话"，引导父母创设更好的家庭氛围，帮助孩子形成正确的性别角色认识。

每一个孩子的行为问题背后，都有其症结所在。只有帮助孩子及时认识自身问题，并解决问题，才能促进他们健康地成长！ 🐟

知识链接

情绪 ABC 理论

情绪 ABC 理论是由美国心理学家埃利斯创建的。他认为刺激事件 A（activating event）并不是引发情绪和行为后果 C（consequence）的直接原因，而引起 C 的直接原因则是由个体对激发事件 A 的认知和评价而产生的信念 B（belief）。所以，人的消极情绪和行为障碍结果（C），不是由于某一刺激事件（A）直接引发的，而是由于经受这一事件的个体对它不正确的认知和评价所产生的错误信念（B）所直接引起，错误信念也称为非理性信念。而常见的不合理的非理性信念主要有以下三点：

1.绝对化的要求。它指人们常常以自己的意愿为出发点，认为某事物必定发生或不发生的想法。它常常表现为将"希望""想要"等绝对化为"必须""应该"或"一定要"等。例如，"我必须成功""别人必须对我好"等等。当某些事物的发展与其对事物的绝对化要求相悖时，他就会感到难以接受和适应，从而极易陷入情绪困扰之中。

2.过分概括化。这是一种以偏概全的不合理思维方式的表现，它常常把"有时""某些"过分概括化为"总是""所有"等。它具体体现在人们对自己或他人的不合理评价上，典型特征是以某一件或某几件事来评价自身或他人的整体价值。例如，有些人遭受一些失败后，就会认为自己"一无是处、毫无价值"，这种片面的自我否定往往导致自卑自弃、自罪自责等不良情绪。

3.糟糕至极。这种观念认为如果一件不好的事情发生，那将是非常可怕和糟糕。例如，"我没考上大学，一切都完了""我没当上处长，不会有前途了"。这种想法是非理性的，因为对任何一件事情来说，都会有比之更坏的情况发生，所以没有一件事情可被定义为糟糕至极。但如果一个人坚持这种"糟糕"观时，那么当他遇到他所谓的百分之百糟糕的事时，他就会陷入不良的情绪体验之中，从而一蹶不振。

CHAPTER TWO

第二章

心理疏导

- 不害怕，能看见更美丽的风景
- 失眠背后的深层缺失
- 寻找黑夜里的明灯
- 重塑生命的希望
- 那不是你的错
- 被内疚纠缠的岁月

生命经历磨难、洗礼、等待，

终将会突破，

会慢慢绽放她的美。

一直在努力成长的人，

才能欣赏到更美的风景。

——题记

不害怕，能看见更美丽的风景

——社交恐惧个案咨询实录

　　小芸，第一次给我留下印象，是在高一的一次课上，她站起来回答问题时全班同学都笑了，略显羞涩和尴尬的她顿时有些不知所措，我的及时回应和圆场让她放松下来。此后的课上，她总是很认真地倾听，上课时我对她的关注也不由自主地多了一些。高二时，小芸在情绪处理和人际交往方面力不从心，甚至有时会有失控的感觉。高三时，小芸带着一颗伤痕累累的心，也带着一颗勇敢的心，推开了咨询室的门。那时，小芸是一个内心敏感、自卑、孤独的女生。

我不想上学

　　周三下午五点钟，咨询室的门被小芸推开："汤老师，我能找你聊聊吗？"

　　"当然可以，不知你遇到什么困惑的事情想找老师聊聊呢？"我热情地回应。

坐定之后，我等小芸开口，可她欲言又止，坐在那里低着头看着地面，双手还不停地搓在一起。我意识到她的紧张，跟她聊了一下高一心理课的一些内容，像自我认识、性格测试、青春期情感、心理咨询等，同时也讲了咨询的保密性原则，她紧张的情绪似乎有所缓解，但还是低着头看地，还需要些时间给她缓冲。我静静地望着她，体会着她，等着她开口，我的目光里传达出的是询问和期待。

"我猜，你今天过来找我，一定是鼓足了很大的勇气，也一定是对老师有着充分的信任，只是你还没有完全准备好，没关系，我等你，你想说的时候我会洗耳恭听。"我先说道。

她看了我一眼，点了点头。

大约几分钟后，她开口了："老师，我不想上学了。"

"能说说为什么会有这样的想法吗？"

"我觉得很没意思，在班级里我都有点待不下去了，我现在非常害怕进教室。"

我心里一紧，到底是遇到了什么样的事情让小芸有如此感受？

"我在家不会有这样的感觉，但是只要走到学校门口的时候，这种害怕的感觉就很强烈，我只要想到等会儿要进教室，就心慌，会不由自主地握紧拳头、心跳加快、呼吸急促，连脚步也显得很沉重，从校门口到四楼的教室是很漫长的一段路。到四楼教室门口，我真的是有一万个不想进去的想法，但又不得不进去。"

"这么漫长而艰难的一段路，让你内心充满着纠结和痛苦，当时是怎么想的，让你不得不进去？"

"毕竟我想着还是要学习的，还是要证明我是可以的，可是太难受了，我总会在教室门口徘徊，害怕得不敢进去，但还是握紧拳头，逼自己进去，然后快速地坐到自己座位上，不去看别人，我也看不到别人，因为我坐在第一桌。但是现在我觉得自己都快有点撑不住了，这种感觉太痛苦了。"

听着她说，看着她时而双眉紧锁，时而露出痛苦的表情，我的心也跟着纠结：社交恐惧？人际冲突？我心里的想法冒了出来。我能怎么帮她呢？还是先让她尽情地诉说吧！

"你想到进教室的场景，是什么感觉？"我需要详细了解她的情绪状态。

"紧张、恐惧。"说着低下了头，双手交织着。

我的心也跟着她的表情流露出的情感而低沉了一下："你自己能感受到自己在恐惧什么吗？"

"我觉得全班同学都在排斥我、孤立我、嘲笑我，我害怕看到他们嘲笑和不屑的眼光，可是我觉得我没有做错什么，他们凭什么这么对我？"她话还没说完，眼泪就扑簌簌地往下掉，这种夹杂着委屈和悲伤的情绪像一块浸满了水的海绵，严严实实地堵在她的胸腔上部。

我能感受到她内心的无助、恐惧，这些日子以来的煎熬，我想还是先给她的情绪作个调节。于是，在她擦了眼泪之后，我让她做几次深呼吸，调整好自己的坐姿，闭上眼睛去感受这种恐惧、害怕的情绪。我请她关注自己的身体，随后进入了意象，在意象当中，她的恐惧情绪就像是一团黑压压的乌云堵在那里，压抑着她、遏制着她，让她没有反抗之力。我让她静静地看着乌云，去慢慢感觉它，随后乌云变成了细细的绳子捆住了她，越捆越紧，特别是把她的脖子勒得有点喘不过气，胸腔剧烈地起伏着，喉咙里憋着话，仔细一体会，原来这话是："放开我，我要出来，我要出来。"在我的鼓励下，她终于用力地喊出来，缠在她身上的绳子忽然松开了，她感到轻松了许多。

从意象回到现实中，我问她感觉如何，她说从未有过的轻松，心里感觉忽然放下了很多重东西一样，浑身通畅，一下子轻松了许多，就好像一直死死地被堵着的胸口忽然能透气了。她说："感觉真奇怪，老师，明明是压得我喘不过气来的事，说出来之后，喊出来之后竟然轻松了一些，心里头也敞亮了点。"因为时间到了，我们就约定下周再来，她很愉快地答应了。

✍ 我们有时根本无法去连接和真正地看清自己内心的潜意识，意象就是一个很好的媒介，帮我们与潜意识沟通，去面对我们内心想逃避或惧怕的东西，去帮助自己更好地调整内在的情绪。这一次咨询帮助小芸面对自己内心恐惧的情绪，让她感受到自己内在的力量。🖋

箭一样的流言

再来的时候，小芸主动说起自己为什么会害怕班级里同学的眼光。起因是有一次她和一个男生发生了争吵，后来偶然听到该男生讲"很贱，很淫荡"之类的话，她以为和她无关，可是越来越觉得不对，走在走廊、教室里总觉有些同学对她指指点点甚至抿嘴而笑。直到有一天，那个和她吵过架的男生当着她的面骂她"贱人"时，她感到整个人都不好了，一股屈辱感喷涌而出，她回到座位上趴着哭了很久，她不明白为什么他对她这么不友好。

"他们为什么这么排斥我，我到底做错了什么？"她似乎很不解。

"他们这么对你，你觉得很不公平，你内心充满了委屈、伤心和愤怒。"我试着去同理她。

"是的。"说完，她的眼泪像开了闸一样地倾泻而出，我只好默默地递餐巾纸，默默地陪伴着她。她稍微平静了一些后，我试探性地问："这些同学确实很过分，但他们为什么这么说你呢？"

此刻的小芸抿紧嘴唇，欲言又止，似乎难以启齿，情绪也突然激动了起来，握紧了拳头，有点咬牙切齿恨恨地说："我没有做错什么，是他们太过分了，他们凭什么可以这样说一个女孩子？"

我握着她的手，让她做几次深呼吸，待情绪慢慢地平缓下来，她说："老师，你相信吗，这真的不关我的事。其实是读幼儿园的时候，我觉得好奇、好玩，和一个小男孩玩了'成人游戏'，仅仅只是玩游戏而已，并没有发生什么。后来被几个小朋友知道了，他们就开始起哄，但因为小也就过去了，我也以为没什么。可谁想在读小学的时候竟然有人在背后说我跟男生如何如何，说我很贱之类的话，当时听到觉得很刺耳，很难受。但我没办法阻止流言，我只能听之任之，也想过不去理会，但这样的流言并没有消停。我又没有得罪他们，可他们这样对我！

"慢慢地，活泼开朗的我变成了沉默寡言的一个人。我害怕也不敢与其他同学有过多的交往。我甚至盼望着早点结束小学生涯，期待着初中的到来，因为到一个新环境，会有一个新的开始。可是，就如古语所说，'人生不如意事十有八九'，到了初中，我依然没有摆脱流言这恶魔，它就像一座大山一样压得我喘不过气来，我不得不把自己锁在一个房间里，觉得自己见不得光，虽然并没有做错什么，可是这样的流言几乎把我伤得体无完肤。"

我如同看到了一个躲在黑暗角落里黯然神伤的女孩，期盼着光明的她，却在黑暗中独自前行，她受伤的眼神那么让人心疼，我突然有种冲动想去抱抱这个渴望被理解、被关注的姑娘，此刻的理解和信任便是我对她最大的支持。初中三年在此起彼伏的流言中褪去了青春色彩，盼来了高中，期待着有另外一番新天地。还好，高一总算很顺利地度过，正当她觉得高中生活出现曙光时，那个和她吵过架的男生，从她初中女同学那里听到了关于她的流言，这个流言又悄然被传开了。若有若无的声音又不绝于耳，此时的小芸快要崩溃了，以致到后来她觉得全班同学都看不起她，都排斥她，都在背后说她的坏话。所以一进教室，她就觉得有几十双眼睛像箭一样飞射过来，即使友善的眼神也被她理解成了讨厌的眼神。小芸曾经也想过找心理老师，但很犹豫，这次是鼓足了勇气敲开了心理咨询室的门。

　　成长中席卷而来的恐惧、悲哀、愤怒、羞耻、委屈、茫然、绝望等种种痛彻心扉的情绪，把这颗娇嫩的心蹂躏得快要支离破碎。而我的倾听、共情、理解就成为此刻的她最大的支持。

我很无能

小芸的父亲是单位的一个小领导，母亲是做生意的，早出晚归，记忆中几乎没怎么见到母亲的身影，倒是和父亲接触的时间多些，可父亲是个既严厉又要面子的人，对她的要求就是成绩，"别人家的孩子怎样怎样"是每次考试后从父亲嘴巴里脱口而出的话语。小芸觉得自己智力水平一般，她也很想为父亲争光，但即使很努力，也依然没法达到"别人家孩子"那样的水平。说至此，她的眼神垂了下来，似乎很无奈。

"对于父母，你内心是有怨气的，是吗？你有一部分的委屈是觉得从来没有感受到父母的温柔呵护？"

"有这个感觉，我妈更多的是打理她的生意，我爸对我的关心就是在学习成绩上，他从来没有真正关心过我，他更在乎的是他的面子。他觉得自己是单位的领导，别人家的孩子优秀，那我也应该优秀，不然他在单位抬不起头。"

"父亲的这个期待带给你的压力有多大？如果压力总分是 10 分，你打几分？"

"7 分左右吧。有的时候我甚至有点惧怕他，所以在外面遇到什么事都不敢和他说。"

"这样的压力让你心里一定觉得很辛苦很累吧？"

"这让我觉得我是一个很无能的人，没用的人，虽然成绩偶尔也能排在前面，但大部分时候都是在中下游，每次考试之前我都很紧张，考完之后又很焦虑，我觉得我学习不好，人际关系也不好，什么都做不好，太无能了。"

我还是决定通过意象去调整她的内心状态。这一次的意象首先出现的是房子和篱笆，突然一座山用舌头把它们卷走了，然后她看到了一个影子，这个影子坐起来的时候，小芸被吓到了，她突然睁开了眼睛，她说，很狰狞的面目，很可怕。我鼓励她："先调整一下状态，如果要解决问题，我们必须去面对，必须看清它，你要相信自己，你内在有一种爱的力量能帮助你去面对它，你也要相信，无论发生什么，你看到什么，老师会一直在旁边陪伴着你。我们再试着去看一下好吗？"重新看那个画面，她依然觉得很害怕，我说："相信自己的力量，带着你内在的那份爱去深深地凝望着它的眼睛，它的眼睛是什么神情？"

小芸："很虚伪，我看到它眼睛里有一束黑色的光射到我的眼睛里，它不想我去看它。我现在感觉旁边有个僵尸，它咬住了我的脖子……而我好像又是第三方，站在旁边看着这一切，现在又发生变化了，地上有一个怪物，坐在了一个台子上，僵尸在旁边。怪物看着僵尸，好像在嘲笑僵尸一样，那种眼神很冷。"后来意象变成了白无常，一直发出很冷的笑声，让人发毛的笑。意象又变成了一只狗，这只狗一开始有尖锐的爪子，后来能与小狗和平相处。最后，小狗变成了一滴金色的水升上了天空。意象从刚开始是令人害怕恐惧的，到最后变成了美好的事物。醒来之后，小芸感觉很舒服，很有爱和力量的感觉。

✎任何的行为问题和心理问题的背后都是缺爱。一旦感受到爱的力量，让爱回归到自身，自信和力量就会呈现出来。有的时候，最好的技术是你的内心充满着爱，去体会对方的内心感受，带领他去看看他的内心世界，让他碰触自己内心的爱。只要感受到自己内心的那份爱，力量和自信就会回归到自己身上。所以，有爱是最好的和最有底蕴的沟通技巧。只有自己心中有爱了，会爱自己，会爱生活，才能更好地让学生体会到爱，让爱疗愈很多表面上出现的问题。✎

绽放的她

持续将近一个学期的咨询让小芸慢慢地有了改变，每一次都能感觉到她的努力和变化。在帮助她克服内心障碍的时候，除了用意象，也用了系统脱敏法，运用放松技术帮她进入放松状态。首先冥想的场合是让她站在一个地方远远地看着校门口，她表示这么远感觉并不强烈，再让她慢慢地接近，当越来越接近时她的呼吸越来越急促，我握住她的手告诉她我会一直陪伴在她身边，让她不要逃避，勇敢地面对，站在那里看着。一段时间后呼吸开始缓和下来，觉得不那么难受了，再让她去看校门口人群当中一个人的眼睛。刚开始她看到了讽刺、嘲笑，很想逃避，我鼓励她勇敢地面对，带着自己内心的真诚、宽容去面对，深深地凝望着对方。慢慢地她感觉到对方的眼神变得柔和、友善，不那么可怕了，直到能坦然面对。再用同样的方法去想象班级的场景，从刚开始的害怕、逃避，到后来的平静、面对、接受。小芸比较好地消除了对学校相关场合的恐惧，我让她带着这份良好的感觉勇敢地去面对现实生活中的场景，当自己想逃避的时候，试着给自己打气鼓励，相信自己能做得更好。我还让她回家进行想象放松练习，每天 1 ~ 2 次，每次 15 ~ 20 分钟。

经过多次的认知调整，小芸认识到其实是自己泛化了同学们的不友好，她说："其实也并不是所有的同学都这样，就班级中的一两个，刚开始其他女生对自己也挺好的，可能是自己太过敏感，人际关系处理不当，才会导致同学关系疏远，而自己感觉她们是在排斥自己。再说班主任对自己也挺关心的。范围缩小之后，针对那一两个同学，也要正确看待他们的言论和评价。不能因别人对自己的评价而否定自己，也许别人一气之下措辞不当，也许他人品有问题恶意诽谤，而我不必为他们的言论买单，我要学会正确地评价自己，不能只看到负面的自己，我的人生要自己做主。"我感到欣慰。

小芸对于走进学校和班级的恐惧感逐步消除，不再回避和同学的正常交往。从原来的经常请假到能正常地学习，已经是一个很大的进步，后来顺利考上一所专科院校，她也能够很好地接受自己的学校，不再因为自己没有考到好大学而自叹不如（当然这也得益于父亲后来对她态度的转变）。

有一天，我去食堂吃饭的时候，看到一个熟悉的面孔，咦，那不是小芸吗？原来大学放假早些，她和同学一起回母校看看，她见到我，特别开心地和我打招呼。我感到她绽放的笑容好美丽。相信小芸会一扫以前的阴霾，绽放出生命本应有的色彩！

不知道我的心，

为什么而焦虑，

为什么而恐惧。

是因为眼前的考试吗？

还是因为那成长中的缺失？

我想接近它，了解它，接纳它，

我想承诺自己：我将变得更好！

——题记

失眠背后的深层缺失

——运用 ACT 技术缓解考试焦虑

婷婷来的时候眉头紧锁，精神萎靡，衣服上有些许污渍。她给我的第一印象是安静内向、理性冷静，不善情感表达。在整个咨询过程中，婷婷话语简练且很有逻辑，理性层面始终占据主导，较少看到她明显的情绪变化，可见婷婷对自己的克制力很强。婷婷告诉我，她的父亲是从小在大家庭中被宠大的老男孩，虽然对她很好，但更多让她感受到的是朋友的关爱，而不是一个可以依靠的父亲。母亲对婷婷情感淡漠，婷婷生病也不会给予关心，还告诉婷婷自己并不想做母亲，婷婷的到来只是意外，希望婷婷自己照顾好自己。

父母在学习方面对婷婷没有过高要求，只希望她尽力学习即可。特别引起我注意的是：婷婷的姑姑患有精神分裂症，出现妄想症状时常常骂人。为了一点日常琐事，就谩骂婷婷的奶奶，打砸家具。因此，婷婷的童年常常生活在恐惧中，没有安全感。读初中的时候，她一门心思学习，与同学很少交流。身为团支书，婷婷工作能力出色，深得老师喜爱，却受同学排挤，整个初中阶段心情都很压抑。到了高中之后，她依旧独来独往，跟同学只是礼貌性对话。课余时间她一般都是一个人在家上网看视频、听音乐，很少外出，与家人除了必要的信息交流，几乎没有情感沟通。

放松自己，处理情绪

或许是因为急于寻求帮助，婷婷一入座就开始倾诉自己的问题，几乎没有顾忌与阻抗。在这次咨询中，我了解到，每当期中、期末考试，婷婷每晚都是凌晨四点多才能入睡，仅仅休息两个小时就要起床准备考试。在睡不着的过程中，婷婷会给父亲打电话。父亲会给予她一些安慰，劝她不要多想，建议婷婷可以在睡不着的时候看书。为了不打扰室友休息，婷婷选择躲在厕所里背书，但往往是越来越清醒，回到床上更加难以入睡。为了尽快入眠，婷婷尝试过听音乐、背书、吃泰诺、与人聊天、和同学同床睡等等方法，但都没有效果，非常痛苦，所以主动来寻求咨询。

为了更加清楚婷婷的问题，我询问其是从什么时候开始失眠的。

她回答："初中的时候，有次考试英语听力考得特别差，很多都听不懂。后来再考试的时候，就一直担心听力会又听不懂，就失眠了，再后来就开始变成担心失眠这个事情了（眉头紧锁），怕第二天考试的时候精神不好，影响发挥。感觉自己那个时候特别孤独，一个人的感觉特别特别明显，好像全世界就自己一个人，没人可以说话，没人可以帮助我，无助感特别强，更加恐惧。我其实本来就没什么朋友，没有支持，一直有种无力感，无法控制的感觉。"

"好的，咱们不着急，慢慢来，先让自己放松一下，别紧张。跟老师一起来做做深呼吸，感受吸气时内心的力量怎样增强，再一次，感受那份力量再强一些，更强一些，在你身体里面膨胀。再吸一口气，那股力量继续膨胀，充满了身体各处，渐渐充满双手，直到手指，同时也充满了双腿，直到脚趾都感受到它的存在。现在，放松你的肩膀……"

"老师，我想象不了，我想到你说的部位，精神就很难集中。感觉心痒痒的，很紧张，越叫我放松，越放松不了！"

于是，我建议婷婷按她喜欢的姿势入座，并播放了几首音乐，引导其描述自己的所感所想。此时，婷婷眉头微微舒展，证明音乐能够使其进入放松的状态。于是，我及时布置了作业：每天安排 30 分钟的体育活动时间，并进行 1~2 次音乐放松练习。

♫我原先计划运用系统脱敏法，但在放松的过程中，发现难以用语言将婷婷带入放松状态，所以系统脱敏法和言语放松效果不佳，反而使其更加急躁。于是，我即刻改为音乐放松，达到了一定效果。可见，即使是经典的技术，也不一定适合所有的来访者。我们在发现咨询效果不佳时，应当果断适时进行改变。♫

不必要的担忧，请走开

在这次咨询中，我运用了 ACT 技术中的"接纳"（建立积极而无防御的拥抱各种经验的态度）与"认知融合"（改变思维和其他心理事件的消极功能，帮助当事人退后一步观察这些心理事件而不陷入其中）。婷婷第二次来访，诉说自己似乎没有之前那般恐惧，但是依然会为了考试而焦虑。于是，我计划采用认知疗法，使其不陷入、不放大失眠对考试的影响，接纳焦虑的存在。

于是我询问她："如果让你给失眠对考试结果的影响程度打个分，你会打多少分？"

婷婷说："百分之十吧，呵呵。（不好意思地笑笑）其实，我考得好不好无所谓，爸妈对我也没什么要求的，我就是很讨厌睡不着的感觉！"

我突然明白，原来婷婷已经从对考试的焦虑进入到对失眠本身的担忧。于是，我准备带领婷婷进行一项实验，帮助其产生直观的感受。

"老师很喜欢喝咖啡，这里有很多种咖啡，每种味道、成分、产地都不一样，这是巴西的咖啡，味道会有一点点酸……（介绍多种咖啡的性能）你想喝哪种？"

"别尔缤吧。"

"在你喝咖啡的时候，老师有个要求，你不能想老师刚刚提到的咖啡，也不要想我对这些咖啡的介绍，好吗？"

"好。"婷婷轻松地答应了。五分钟过后，我询问她在这五分钟内有没有想有关咖啡的事。

婷婷皱皱眉头说："有，我提醒自己不要想，但不自觉地就会想到。"

"所以，我们的思维经常跟我们开玩笑，叫自己不要想，反而会想得更多。在这个实验里，你有什么感受吗？"

"是不是说，我越让自己不要想，就越会想？不要让自己不想吗？"

我对婷婷微微一笑，说："或许，顺其自然是不错的选择哦。"

&在本次咨询中，婷婷不似之前那般恐惧与焦虑，但思想包袱还是较为严重。于是我用了"不要想咖啡"实验，促使婷婷明白：试图压制思维反而会使被压制的对象凸显出来，较好的方式是"顺其自然，为所当为"。我首次尝试将森田疗法渗透入 ACT 技术中，感觉效果较好，以后或许可以多多尝试将多种技术综合运用。&

寻找社会支持，理性看待自我

在第三次咨询时，我运用了 ACT 技术中的"观察自我"（改变关于"自我"的概念，从一种概念化的被评价的自我变成作为各种心理事件载体的自我）和"此时此刻"（将注意力放在当前正在发生的事情上，帮助个体从认知的纠结转向当下的事实，学会以一种非评价的方式感受当下的过程）。在这次咨询中，婷婷提到了更加深层的问题。婷婷发现自己内心的恐惧可能更多来源于社会支持系统的缺失，而不仅仅是考试引发的。如果她不能感受到被支持，或许以后的诸多小事，依然会使她焦虑。我不禁询问她是否父母真的如她所认为的不在乎她，不能给予她支持。我要求她回忆父母对她好的场景，希望通过此类事件的回忆以及叙述，促使她明白父母的关心。

她说："小的时候去看烟火，人特别多，妈妈就护着我，我当时觉得挺温馨的。"

"如果我受伤了，被他们知道，他们还是挺关心我的，会给我包扎，告诉我要怎么照顾自己。"在她的叙述中，我发现婷婷是不愿深刻体会情感的孩子，她的描述非常简洁。于是，我通过询问的方式，使她细细地描述令她感动的事件。渐渐地，这个孩子流下了感动的眼泪。

"你还总说自己很无能、很自卑，这点让我感觉很意外，因为通过我们的几次接触和我上课的观察，我感觉你是一个很懂事，为人处世也很恰到好处的姑娘，也就是说情商挺高的，成绩也还好，会不会是你对自己的评价过低了呢？你有没有做过一些让自己或者是父母骄傲的事情呢？"

婷婷想了想，犹豫着说："爸爸妈妈挺骄傲我自理能力好，他们基本不用管我，我都可以自己做饭、买衣服。"

"当你看到其他同学还要父母为他们做很多事，而你都已经可以自己搞定的时候，你心里的感觉是？""很开心，很骄傲。"婷婷的回答透露出了些许骄傲的情绪。于是，我要求婷婷罗列生活中其他值得骄傲的事情，并要求她记录下完成每一件事情时的感受，引导她用积极的态度更加理性地看待自己，减少对自己的负面评价。

🙢婷婷在回忆自己的骄傲事件时，语言和神情都透露出此时她的心理状态是有所改善的，脸上也浮现出一丝笑容。婷婷存在"能力性"的局限信念，认为自己没有能力，不能放松，所以解决的方向是让她意识到自身所具有的改变与控制的能力。她需要别人和自己的认同与赞美，可见让她寻找生活中的意义事件对其是有帮助的。

澄清价值观，寻找新焦点

婷婷在此次咨询中，感叹不能和母亲有这样深入交心的谈话。于是，我开始运用 ACT 技术中的"澄清价值观"（在生活的不同领域帮助来访者寻找生活的方向，建立有意义的生活）。我疑惑地询问婷婷，是母亲拒绝与她交流，还是她拒绝母亲。婷婷承认是自己不愿和母亲说话，因为她对母亲的冷漠耿耿于怀。

我询问："还记得上次跟妈妈聊天是什么内容吗？"希望以此来唤起婷婷和母亲的积极的回忆。

婷婷说："是谈我喜欢的那个男生，她很开明，我们聊得很开心……"婷婷渐渐说出了妈妈好的方面，我趁机鼓励其继续尝试与母亲沟通。婷婷想了想，说："或许是时间长了，忘了跟妈妈聊天的感觉了，我想可以尝试再体验下。"婷婷的焦虑，除了家庭缺少温暖之外，还有一个原因就是对未来缺少计划与期盼。于是，我在接下来的时间中，将重点放在了与婷婷共同描绘未来，以她的价值观为基础，寻找目标与方向。

我询问婷婷："除了跟爸妈有个好关系外，你理想的生活还包括什么？"

婷婷说："我想有个好成绩，考个好大学。"

"什么叫好大学呢？"

"985、211 吧，能学到很多东西，有很好的老师，风景也好的学校。"

"如果你的目标实现了，你会怎么过你的大学生活呢？"

"我会好好读书，我想让自己学到更多知识……"

婷婷滔滔不绝地描述了自己对大学生活的向往。我趁机鼓励其要为心中的理想而努力："梦想，没有行动支撑，就永远只能是梦想噢。你的计划很棒，记得要仔细落实噢，先达到每个小目标。"婷婷若有所思，眼里透露出一丝丝坚定。

♛在这次咨询中，我重点引导婷婷将注意力放在生活中的其他事情上，提醒其多多回想与父母相处的快乐时光，鼓励其重温亲情的美好。除此以外，我们还讨论了学业等问题，引导其将注意力放在自我提升上。看得出来，婷婷在聊这些问题的时候，非常有兴趣，精神状态也不似之前那般萎靡。可见，引导具有焦虑倾向的孩子，将旺盛的思维力放在思考如何提升自我上，是个不错的选择。♞

承诺的行动，付诸实践

在最后一次咨询中，我运用了 ACT 技术中的"承诺的行动"（帮助来访者将价值观落实到具体的短期、中期、长期目标并加以实践）。婷婷将计划带来与我讨论，不再提之前的考试焦虑，而是专心为未来做规划。这让我感到很欣慰，想来此刻的她已经走出考试焦虑的纠结了。或许是由于婷婷严格的自我要求，她的计划罗列得非常详细，且时间安排非常紧凑，每天学习九个小时。我提醒她"除了学习，是不是还有其他的事情需要去做"，引导婷婷打开生活的思路，罗列真正合理的计划。之后，在班主任的反馈中，我得知，婷婷现在每天投入地做着计划表中的事，情绪状态比之前好了很多，成绩也有所提升。

在本次咨询中，婷婷已经不纠结于最初的问题，精神状况也比之前有所改善，投入到学习中后，转移了注意力，最初的问题不再困扰婷婷。在讨论计划时，婷婷非常认真，看得出来，此时的她已将心思都放在如何提升成绩上。看来，ACT 技术对缓解婷婷的问题较为有效。

♛整个个案持续了一个半月的时间，开始与结尾都比较顺利，中途因为放松方法不被来访者接纳，所以稍有停滞。可能是因为我还未找到能让来访者放松的语言，所以造成放松训练没有达到良好效果，但总体来说还是较为顺利的。这次的个案让我意识到很多新手咨询师很容易犯的错误：常常在第一次咨询中就急着给出方法，或者是确定咨询技术，就如同我一开始准备运用系统脱敏法。但事实证明，即使是一些很有效的方法也不一定适合每一个人，操之过急往往不会有啥效果。我们需要经过一到两次完整的咨询，对来访者有了相当的了解之后，再为他寻找适合的方法与技术。我在此次咨询中，感受颇深的一点是：咨询技术众多，一定要选择适合当下来访者的方法，不可强行实施。发现技术对来访者不适用时，一定要冷静，告诉来访者这是正常现象，并且在充分了解来访者的前提下，选择适合他的方法。不能固执坚信某种方法的有效性，而忽略了来访者当下的感受。作为一名新手咨询师，应将更多的注意力放在来访者身上，也不要忘记对自己言语的把握。有时一句话说出去，才开始反思这句话说得合不合适，为时已晚。我想，在刚开始接触咨询的初期，我还是要把注意力分配一些到自己身上，以免不适当的言语影响咨询的进行。☺

知识链接

ACT 咨询技术

美国治疗师 Steven C. Hayes 在上世纪 90 年代初提出接纳与承诺疗法（ACT），旨在通过平衡接纳与改变来提高心理灵活性。ACT 被称为第三代行为疗法（用体验性的改变策略补充直接的认知说教性策略，旨在寻求更宽广、灵活、有效的应对方式）的代表，国外有关的理论和实证研究已很丰富，但在国内关于 ACT 的理论及其实证研究却比较少，对这种理论疗法的实践应用也缺乏系统的认识。

ACT 涉及六个核心治疗过程：

1. 接纳，建立积极而无防御的拥抱各种经验的态度。

2. 认知融合，改变思维和其他心理事件的消极功能，帮助当事人退后一步观察这些心理事件而不陷入其中。

3. 观察自我，改变关于"自我"的概念，从一种概念化的被评价的自我变成作为各种心理事件载体的自我。

4. 此时此刻，将注意力放在当前正在发生的事情上，帮助个体从认知的纠结转向当下的事实，学会以一种非评价的方式感受当下的过程。

5. 澄清价值观，在生活的不同领域帮助来访者寻找生活的方向，建立有意义的生活。

6. 承诺的行动，帮助来访者将价值观落实到具体的短期、中期、长期目标并加以实践。

青春的色彩，

或绚丽，或阴沉，

但只要有一颗走向光明的心，

任何恐惧，任何阴郁，

都将消散。

触碰心底最柔软的深处，

破冰重生，

一个转身，一场心灵的交流，

豁然开朗。

——题记

寻找黑夜里的明灯

——我为什么害怕独自面对黑夜

开学第一节心理课上，一个女孩很着急地跟我预约心理咨询。当天中午我刚吃完饭回到咨询室，就发现她早早地在辅导室门口等我了。这个女孩叫小丽，在校成绩优秀，性格文静，是比较内向的一个女孩子。听着小丽的心事，就像自己年少时的片段回放，许多少男少女在成长的过程中都曾有过对鬼怪的恐惧，因此我对她的经历颇有同感。

成长的过程缺少爱的滋养，但依然绽放芬芳

小丽开口讲的第一句话就是："老师，今天我和你讲的，你一定

要保密哦！"

"当然，我们的咨询内容肯定是保密的，除非涉及一些人身安全的问题。所以你可以放心。"我回了她一个微笑，想让她放松下来，"今天来找我，想跟我聊点什么呢？"

"老师，你相信有鬼吗？我现在特别害怕一个人睡觉，我不知道怎么办。"

"老师也有这样的一段时间，那时我单独住在寝室里，也特别害怕出现鬼，所以都不敢一个人自己睡，后来都是开着灯才睡着，那种经历真的很痛苦。你现在不是住校吗？你能具体说说是怎么回事吗？"

"这段时间以来，每当周末回老家的时候，我就特别害怕一个人睡觉，家里一个人都没有，之前奶奶在家我是不害怕的，但是后来奶奶去大伯家帮忙带刚出生的小妹妹了。"讲到这里小丽难掩满脸的惆怅，"我现在更喜欢星期一到星期五在学校待着，因为有很多朋友一起，一到周末就不知道怎么办好。"

"你是说现在周末回家只能一个人待在老家，一个人在老家睡觉，这让你觉得害怕，所以每到周末你都不敢回家了是吧？"

"是的！"她表示了对我的认同。

我不禁好奇地问："那爸爸妈妈没有在家吗？"

"爸爸妈妈带着弟弟去杭州打工了，本来奶奶在家的，可是去大伯家帮忙带小妹妹了，所以周末回去整栋楼就只有我一个人，我很害怕，不敢睡！"

作为留守儿童，她特别自觉、懂事，让人特别心疼，我不禁想要表扬这个小姑娘："家里的人都出门了，就剩你一个人，这么大的房子，换谁都会害怕的。"

"嗯，谢谢老师你能理解，很多时候我觉得特别孤独，也特别想爸爸妈妈，想她们的时候我就会偷偷地躲在房间里哭，那个时候就特别害怕！"说着说着，小丽就落泪了。

我赶忙递上纸巾，给了她一个拥抱。

她不住地抽泣，接着说："小时候很不明白爸爸妈妈为什么带弟弟去杭州读书，而不带我去，后来想想可能因为我是女孩，也可能因为弟弟小，但是我也没有问他们，只是认真地做着乖乖女，好好地读书。那时候他们没有很在乎我的成绩，只是现在初中了，好像他们又很在乎了，每次打电话说得最多的就是成绩，叮嘱我一定要认真，不能退步！我也害怕自己会退步！"

　　"听你的叙述，你是不是觉得爸爸妈妈更疼爱弟弟，而对你只是关心你的学习成绩？"我发问道。

　　她努力地宣泄道："可能是吧！小学时，爸妈基本上把时间都花在弟弟及赚钱上，对我不怎么在意，但是我想用成绩来证明自己。"

　　我望着眼前的这个女孩，内心的同情油然而生，但是我不相信作为父母真的就这么狠心，我试着引导她："除了学习，爸爸妈妈有在别的时候关心过你吗？"

　　她默默地看着我，若有所思。

　　过了几分钟，她说："其实爸爸妈妈也是有疼我的，每次从杭州回来都会给我带来很多的礼物，她们看到我的时候也都很关心我，另外除了学习，其实也问了我许多生活上的事情。"

　　"我很感动，你真的很懂事，虽然成长的过程中可能爸爸妈妈没有花很多的时间来陪你，但是你却能很好地理解他们，做得这么优秀这么棒，真的很为你骄傲！"我试着鼓励她，希望能给她些力量。

　　"既然爸爸妈妈都是很爱你的，关于你现在的问题，你有与他们沟通过吗？"我接着问她，我觉得她应该寻求父母的帮助。

　　"没有，我一向很独立，所以我都没想到过他们。"她一脸茫然。

　　"是啊，其实你的爸爸妈妈都是很爱你的，只不过你与父母缺乏沟通，孩子，这个问题你的父母是有责任的，他们有责任也有能力帮助你，迈出这一步吧，好好与父母沟通沟通。"我语气坚定。她外在很独立，但是内在缺乏安全感，缺乏爱。

在这一阶段的咨询中，我感觉小丽是一个缺爱的孩子，缺少家人特别是父母的关爱，但是她内心却有着一颗积极向上的心，想让自己变得更好来博得家人的关注！每个行为背后都有她心灵的秘密，我想小丽害怕独自面对黑夜，跟她内心深处的不安全感有关。所以，接下来的咨询我想让她在对鬼怪的认知上进行改变，然后用积极的心理暗示来帮助她！

抓住黑暗中的那根稻草，迎接黎明的曙光

一周后，小丽再次来到了咨询室，这一次看起来比上次要好很多。

"小丽，这一周内有什么变化吗？"我微笑着问她。

"老师，谢谢你，上次聊天以后我就打电话跟我爸爸妈妈说了我的烦恼，他们马上打电话给奶奶，让奶奶带着小妹妹到家里陪我。"她笑着说。

"老师很高兴你能够积极寻求父母的帮助，这样做了以后你现在感觉怎么样呢？"我发问道。

"我觉得我的爸爸妈妈还是爱我的，将来有困难我也会找她们，但是现在就算是奶奶在家里，我一个人在房间里，也很害怕会出现鬼。"

于是，我试图启动她内在的动力："嗯嗯，能具体讲讲是什么样子的吗？"

"我们村里大部分的人都外出打工了，整个村子人很少。晚上睡觉的时候我都会把门窗关得严严实实的，即便是奶奶在楼下，可是一闭上眼睛脑子里都是我看过的漫画里的恐怖场景或者是别人和我说的灵异事件，我会害怕得动都不敢动，大气都不敢出！"小丽说得很激动，可以想象这样的害怕已经让她很痛苦，我想接下来我要从认知上改变她的看法。

"那你喜欢看什么类型的漫画？"

"惊悚刺激的。"

"为什么喜欢看这种类型的漫画呢？"

"不知道，就觉得这种类型好看，我的同学大部分人也都喜欢看这种

类型的漫画。"

"你觉得这世界上有鬼怪吗？"

"不知道，但是我的同学讲了很多真实的鬼怪事件。"

"你怎么知道是真实的？你亲眼见过，还是你同学亲眼见过？"

小丽摇摇头："我没有亲眼见过，同学讲的也是从别人那里听来的，说是真实的。"

"但是你的同学也没有亲眼见过，你也没有亲眼见过是吗？"

小丽点点头，欲言又止好像找不出什么话来反驳我的质疑，陷入思考中。我非常理解她的感受，我向她表示共情："其实老师像你这么大的时候也很喜欢听鬼故事，感觉很刺激，导致也有一段时间陷在对鬼怪的恐惧中，晚上不敢一个人睡觉，不敢一个人走夜路，甚至看见一点幻影都害怕得不行。我后来一遍一遍地问自己这些是真的吗？然后我又去查找书籍，书上说鬼怪是存在在我们头脑里的幻象，我们之所以存在对鬼怪的害怕，其实是源于对未知世界的恐惧，有恐惧才会有敬畏之心！"

"听老师这么说，好像身边真的没有人亲眼见过什么鬼怪。就算我相信这世界上真的没有鬼，但是我害怕的时候该怎么办呢？"小丽的认知世界有所改变，其实这已经是很大的进步，我希望用心理暗示法给她提供心理支持！

"当我们面对未知的世界，感到害怕和恐惧这是人之常情，所以你不必为自己这样的情绪感到苦恼，它要来那么我们就坦然地接受这种害怕。那么怎么去缓解这种害怕呢？你知道心理学上的'心理暗示'吗？"

"了解过，好像是人给自己一些积极的暗示，心理可能就会变得更好，机体还有可能发挥出超于平时的水平。以前我们的老师给我们看的视频《你可以，你行》，对我的感触就蛮大的。"

"你理解得蛮好的，老师发现你的知识面还蛮广的，我们说的心理暗示是指在没有对抗的情况下，用间接、含蓄的方式对人的心理和行为产生影响，使之朝期望的方向发展，在对待你的问题的时候，这个方法你不妨试试！"

"当我害怕的时候我可以对自己说：这个世界根本就没有鬼，我为什么害怕？老师，我这么理解，对吗？"我感叹她的悟性很高，并给她一个肯定的微笑："对的，你可以很坚定地对它说，鬼根本就不存在，我一点都不害怕你！"

她也率真地回我一个微笑，好像弥漫在心头的乌云打开了一个缺口，炽热的阳光倾泻而下！同时我也不忘提醒她，虽然爱看漫画，但能不能少看这种恐怖惊悚的漫画，因为我们知道自己害怕这个，尽量让自己远离一些这样的画面，对自己会好点！

小丽点点头，又和我说了一些同学们看漫画的事情，心情看着不错。

我想让她的认知再次发生改变，我发问："小丽，你参加过万圣节的化装舞会吗？"

小丽想了想："之前班级有同学组织过，也邀请我去参加，我很害怕，只是在旁边看了看。"

"那次参加万圣节舞会，你感觉怎么样呢？"我再次引导她。

"挺好的，他们玩得很开心，但是我刚看到的时候还是很害怕，但是等他们摘下面具我又觉得害怕是多余的，还特别想笑。"小丽露出了微笑，没想到"鬼"也有让她开心的时候。

我借此继续引导她，希望能改变她的认知："在西方，鬼更多的是一个正向的词汇，所以鬼是人类创造的，如果你内心把它想象得很可怕，那你就会感到恐惧；反之，如果你把它想象成很可爱的样子，那它就会给你带来不一样的感觉。"

"比如说《捉妖记》里面的胡巴是吧？"小丽脸上洋溢着笑容。

"看来你已经懂了，那我们可以下次再聊了！"我微笑着鼓励她，我想她应该有所改变了，并借此结束了本次咨询。

🐾我在想她对于鬼怪，或者独处房间的这种恐惧，是不是多多少少与童年的缺爱有关，安全感的缺失让她对于未知世界更加恐惧，这个阶段的咨询我主要是在认知上对她进行引导，通过一系列的追问，让她明白这个世界上不存在鬼，很多都是大脑里的幻象，或者是心中的鬼，引导她用积极的自我暗示来缓解自己的恐惧，最后通过万圣节的经历改变她对鬼的认知。小丽有和我提过，她害怕独自一个在家，还有一个原因是她害怕村里的男人，怕他们来她家。她刚和我说的时候，我觉得这个问题不简单。每个行为的背后肯定有心底的秘密，我不知道她经历了什么，但是让我感觉很沉重！

触碰心底最深处的柔软，破冰重生

又一个阴雨绵绵的中午，小丽如约来到我咨询室，相对于第一次的拘谨，这次的小丽很自然，就像我们是多年的老好友，一进门就给了我一个爽朗的微笑。

"老师，上次跟你谈了之后，这个周末回去感觉好多了，对鬼也不再那么害怕了，晚上睡觉的时候我发现好了很多，我想慢慢地我会克服它的！"

我感觉很欣慰，我想作为一个咨询师，最大的快乐就是你的付出能让别人真正地获得帮助吧。"老师感觉很开心，你能自己从这种恐惧中走出来！"

接着我们还零零散散地聊了一些生活上的琐事以及班级里的趣事，我能感觉在我这里小丽变得很轻松很开心。

"老师你还记得上次我和你提过的，我不仅仅是害怕鬼，我还特别害怕村里隔壁的男人来我家吗？"

"我记得，为什么呢？"

小丽犹豫了一下，面露难色，我知道她是有所顾虑，便说道："你要相信我会为你保密，放开心扉地聊天，我只是想帮助你走出这种困惑！"

似乎是下定了很大的决心，她才向我倾诉她藏在心底深处的秘密：原来在小丽刚上初中的时候，有一天独自一人在家做作业，隔壁有个社会青年来她家串门，见家里只有小丽一人，便找借口和她聊天，还乘机拥抱小丽，小丽坚决反抗，并大声喊叫，才制止了他的行为。怕事情败露，那社会青年跑了，但是这件事情在小丽心里留下了很大的阴影，以至于看到有村里的男人来她家，她都心生警惕，晚上睡觉的时候都要关紧门窗。

小丽讲得断断续续，期间我一直鼓励她说下去，也许重提这些让她感到痛苦的经历真的需要很大的勇气，就像很多童年的创伤性阴影，很多人会选择永远地雪藏，不想让别人知道，毕竟并不光彩，但是这些阴影会伴随一生。藏在心底一年多的事情讲出来，小丽轻呼了一口气，也许她从没想过自己可以这么坦然地把这件事说出来。

"这样的经历你当时肯定很害怕，很恐惧！"我对她的遭遇表示同情。

"对，我害怕极了，我不知道该怎么办。我想把它告诉奶奶，但是我又不敢讲，我害怕事情闹大，所有人都知道。"

"所以你一直把它藏在心底，但是这个经历时不时会出现在你的脑海里，那么你现在说出来之后感觉怎么样？"

"感觉轻松了好多，原来也不是那么难以启齿！"

"这样的事情是让人感觉难过，但是这不是你的错，而且你的机智反应也让你成功脱险！如果以后再遇到类似的事情，你会怎么做呢？"我追问小丽，引导小丽更好地面对这个事情。

小丽想了想："老师，我想我可以告诉爸爸妈妈，让他们知道这件事情。以后如果再有类似的事情，我也会像这次一样表明自己的态度，然后求助周围的人，勇敢地说出来，必要的时候报警！"

"对于班级的男生你也害怕吗？"

"不会，跟他们相处我还是很轻松的！"我很庆幸小丽的这种恐惧还没有泛化到同学这里，我松了一口气。

"对陌生男人保持警惕，老师觉得是很正常的事情，这是我们身体的一种自我保护。老师觉得你要打开自己的心结，不要再次陷入这件不开心的事对你的影响中，我们身边大多数的男生还是很阳光正直的。比如说你们班的男生，你觉得他们怎么样？"

"他们都还蛮可爱的，有问题问他们，他们也都很乐意回答我，就是有时候感觉他们好幼稚，还很吵。"

小丽笑了笑，很显然在群体中小丽活得很开心，和同学关系也很不错，只是独自一人时才会有这么强烈的孤单和恐惧，我想更深的原因，可能和从小父母不在身边的安全感缺失有点关系吧！但是对于自身的安全问题，我还是要给她提个醒，毕竟这个世界还是有很多阴暗的东西，在面对伤害的时候我们还是要学会保护自己。

"虽然大多数的男生都很可爱，但不乏一些心思不正的男生，在碰到这类人的时候，我们还是要保持高度的警惕，出去的时候尽量结伴而行，不要单独行动，好吗？"

"老师谢谢你，我知道了！"

访谈持续了一个小时，因为临近期末，我们并未约定下次时间，只是说有什么问题再联系。小丽说："老师，真的谢谢你！和你聊天改变了我的很多想法。"我笑了笑，在一个拥抱中我们结束了访谈。

♫小丽，农村里的留守女孩，她的成长总是伴随跌倒与再一次重新站立起来。辅导的过程中我一直强调对于异性的骚扰并不是她的错，这是不可预测的事件。她的心理也很强大，没有把这个事情泛化到其他地方。我只是想让她明白，这只是一个特例，生活中大多数的男生还是很阳光善良的，我想让她的心理对这个世界多点阳光！

成长的过程中有欢乐，也有悲伤和痛苦，只有经历苦难的历练，我们的羽翼才会更丰满，我们的心理才会更强大！小丽是个心理正能量很满的女孩，我不敢想象一个消极的孩子面对这种生活会变得多么厌世消极。在缺少父爱母爱的童年，用自己的努力来换取关注，让自己变得优秀，在遭遇伤害时积极地化解，不泛化到自己生活其他的方面，在集体中阳光开朗，一步一个脚印踏实地谱写自己的人生；在面对生活的苦恼困惑时，积极地去寻求帮助，一经正确引导，便能豁然开朗！这让我很感动、很震撼。♫

心理暗示

心理暗示，是指人不自觉地受到自己、外界或他人的影响，并随之改变自己的观念、态度和行为方式，或者不加批判地接受一定的意见或信念的一种常见心理现象，也是人的一种本能，心理暗示分自我暗示和他人暗示。

自我暗示就是利用心理语言来暗示自己的方法，如利用自我谈话、音乐、动作等作为自我暗示的心理语言，来控制自我的情绪或行为，从而达到既定的目的。例如临考前深呼吸，告诉自己"不要紧张，一定行"，遇到困难时笑一笑，安慰自己"阳光总在风雨后"，等等。这些都是人们通过自己的肢体、语言等信号，将某种观念传达给自己，以达到改变自己心理或行为的一种自我暗示。而他人或外界对自己的暗示则为他人暗示。

成绩，一落千丈；

朋友，难以交心；

母亲，叫我去死……

失落的心情，

糟糕的世界，

看不到希望的前方，

我该怎样继续前行？

——题记

重塑生命的希望

——运用 DBT 技术预防自杀

小雅是 16 岁的高一女生。父亲在小雅刚出生的时候就抛弃了妈妈和小雅。小雅内心一直痛恨父亲。母亲心中对父亲充满怨恨，将全部期望寄托于小雅，希望小雅成才，可以令其父后悔。但小雅一直无法达到母亲的高要求，情绪暴躁的母亲常常责骂小雅不争气。小学五年级时，小雅因为粗心丢了一只羊。妈妈知道后大发雷霆，质问小雅："羊比你值钱懂不懂，你怎么不去死！"又惊又怕的小雅对生活万念俱灰，在母亲出门后，遵照母亲"去死"的指令，吞下了母亲诊所里几十片安眠药。好在及时发现，并送医抢救，小雅在昏迷三天后苏醒。但被怨恨深锁的母亲，并未因此给予小雅更多的关心，反而继续责怪小雅的不懂事。

在学校里，小雅与同学、老师的关系表面上非常融洽。小雅会刻意在老师和同学面前表现出惹人喜爱的样子，比如上课积极发言，总为别人着想等，但其内心对身边的"朋友"并不满意，不喜欢身边的同学，觉得同学们非常自私，不懂得关心自己，没有可以交心的人。自诉伪装很累，不想再继续伪装跟同学关系友好。

学习放松，自我抚慰

在此次咨询中，我重点运用了DBT技术中的"安全地方形象化"和"自我抚慰"。小雅此次来访的原因是非常介意月考的失败。

她说："考出这样的成绩，我还不如去死。安眠药吃下去一点也不痛苦，解脱了，反正活着也没意思，反正我也多余。"

我对其提起的安眠药经历感到些许意外，于是询问她："你曾经吃过安眠药？"

"对，小学的时候，我妈叫我去死的，我把羊弄丢了。"

"吃安眠药还是很不舒服的吧？"

"没有，挺好的，比现在好，现在生活没有一点乐趣。"听到这里，我不禁有了些许担忧：原来吞药的经历，并没有让小雅对死亡产生恐惧，反而使其认为死亡是件简单的事。

看着对自己无比愤怒的小雅，我决定先采用"安全地方形象化"技术，使她先安静下来。我邀请她坐到躺椅上，等待其调整到最舒服的姿势后，使用指导语："想象自己舒服地躺在躺椅上，我们一起进入一个令你感觉安全的地方。闭上眼，深呼吸，屏住气5秒钟，1—2—3—4—5，再慢慢呼出。再一次……想象你进入一个安全的地方，你看到了什么？"

"蓝天。"

"你在哪里看到蓝天？"

"我在草原上，就是我家的那片草原。"

"好的，看看周围有没有你喜欢的东西？看看你喜欢的东西。（间隔10秒）你看到了什么？"

"身边的草，还有我最喜欢的那只羊，小贝。"（露出一丝微笑）

"好的，仔细感受现在的状态，你闻到了什么味道？"

"草的味道。"

"你身边有没有你喜欢吃的东西？"

"有一块我特别喜欢吃的小蛋糕。"

"好的，你慢慢尝一口，仔细品尝。（间隔10秒）看看蓝天，闻闻草香，吃吃你喜欢的蛋糕，跟小贝玩耍……"小雅渐渐放松。

十分钟后，小雅情绪渐渐稳定。我尝试告诉她：不只有冥想可以使其体验这种放松的状态，生活中还有许多自我抚慰的方法。比如躺在草坪上闻花香、看一本喜欢的异域风情摄影集、经常听笑话、听听自然界的声音等等，都可以令人感受到放松的状态。

　　我原先计划运用传统的认知疗法，与小雅探讨死亡会带来的毁灭性后果。但我很快就发现这并不能引起备受打击的小雅的共鸣，反而引起了阻抗。因此，我改用"安全地方形象化"的冥想，使其恢复冷静，再对她进行认知辅导，鼓励小雅去看生活中美好的一面。此次咨询中，我感受到，无论采取何种技术，促使来访者静下心来都是第一步。只有他们做好了与我们认真交谈的准备，咨询才有可能达到良好的效果。

观察想法，思想解脱

在这次的咨询中，我运用了DBT技术中的"观察想法"和"思想解脱"。小雅自诉，她会尝试着去寻找能让她感到愉悦的事情，也常常练习冥想和放松。但是每每想到自己的母亲、同学和成绩，依然会有难以克制的烦躁情绪。

我告诉她，越是强迫自己不去想，念头越是无法消除。为了能够使小雅摆脱消极思想的困扰，我开始带其进行思想解脱技术的体验。等小雅在躺椅上坐好后，我开始了我的指导语："吸气，1—2—3—4—5，呼气，1—2—3—4—5，慢慢按照这样的速率，慢慢深呼吸……把你的心想象成天空，把想法、感觉想象成白云，轻轻地看着这些白云来来去去。想象着这些白云，飘入你的心空中，又慢慢飘走。（停顿10秒）你需要做的就是静静看着这些白云飘来飘去。它们就是你心里的念头，仔细看看这些念头来来去去，注意每个感觉，起起伏伏。你只用静静感受这些念头在你头脑里来来去去就好，不要评价它们。不用在乎它们代表什么念头，是好是坏，喜欢或是不喜欢，应该或是不应该，你只用静静看着它们。"

看到小雅渐渐放松下来，我询问："现在有多少云在你的天空里？它们什么样？"

小雅回答："有九朵，都挺大的，蓝天露出得很少……"

我指引她关注最右边的那朵云："看着它慢慢向右边飘去……（十秒钟后）它慢慢地、慢慢地飘走了。"

小雅："天空露出来了，还有三朵小白云。"（闭眼微笑）

我："很好，你的想法减少了很多噢，如果你觉得可以留下这三朵白云，就慢慢睁开眼睛，或者继续让它们飘走。"

小雅："让它们留着吧。"（露出了难得的俏皮微笑）

在小雅情绪平复之后，我开始询问其不喜欢身边同学的原因。小雅说："她们很幼稚，有的时候也很自私。我觉得四班的×××好可怜，为什么那些女生就不能多给她一点关心？她不会做事情，可以教她啊，为什么要讨厌她，为什么要让她走！"（为隔壁班一位因为人际交往问题转学的学生而激动、愤怒）

"同学们不友爱、自私"这个观念一直在小雅心里，使她无法敞开心扉和同学们交往。于是，我建议她要有初始者思维，即处理任何情形、关系时都要以第一次遇见这件事和这个人时的态度来对待。

"小雅，你曾经做过你认为错误的事情吗？比如对同学不够友好。"

小雅沉默了一会儿，说："有，我以前有嘲笑过一位同学，因为她长得很矮，经常有人笑话她，我也笑话过。"

"你希望她一直记得你对她的嘲笑吗？"

"当然不想！"小雅显得有点激动。

我趁机回应小雅："我们都难免会犯错，如果大家都记得错误，那么生活中就会少掉很多的美好。"

"那我要怎么做呢？"

"是不是可以把你不喜欢的每个人都当作刚认识的陌生人去交往呢？不过度在意之前的不愉快，犹如初次见面般重新认识。"

"我试试吧。"（有些犹豫）

看到小雅的犹豫，我与其一起模拟了重新认识的场景。

在这次咨询中，我通过"思想摆脱"，引导其将多余想法推出脑海，最后再用认知疗法，使其树立初始者思维。这种体验与理性解释相结合的方式效果较好，对于小雅来说较为实用。小雅亲身体验，看着自己的烦恼一点点飘走，增强了她对抗消极思维的信心，也让其体会到了解决烦恼的美好，为下一步的技术做了很好的铺垫。

反向行动，解决问题

在这次咨询中，我运用了 DBT 技术中的"反向行动"和"问题解决"。重点放在促使小雅明白，当我们陷入情绪旋涡中时，需要做的就是"反向行动"。"反向行动"包括五个步骤：（1）承认，并用语言描述情绪；（2）注意伴随的肢体语言和行为；（3）明确逆情绪行为；（4）全力以赴做出逆情绪行为；（5）密切关注原本情绪的发展。比如，害怕的时候，不能选择逃避，而是要昂首挺胸。

我："你觉得烦的时候，是不是会不自觉地皱眉，嘴角向下？你感受下，现在是不是这样？"

小雅有点沮丧地点头："是的。"

我："那在这个时候，我们需要做的就是试着微笑。"

小雅无力地说："我一点都不觉得开心，我怎么笑得出来呢？"

我轻轻一笑，告诉小雅："开心时候的笑是本能，不开心时候的笑才是本领。越是不高兴，我们越是要通过笑让自己开心起来啊，我们一起来试一试，看看不开心时候的微笑，会带来什么效果。"

小雅无奈地说："好吧。"

"来，跟我一起做。"为了调动小雅行动的积极性，我与她一起练习微笑。我尽量使自己显示出真心、热情的笑容来带动小雅。小雅先是勉强地笑，假装了五六次后，渐渐被自己逗笑了，笑着笑着，又像是在嘲笑自己。

我问她现在心里感觉怎么样，小雅说："好了一点了"。

我又继续问她："你刚刚的笑中似乎有那么一点点苦涩的味道，好像是在嘲笑自己？"

小雅说："我觉得自己蛮可悲的，怎么会过得这么惨？"

我："你想不想改变现状呢？"

小雅："我想啊。"

趁小雅有了改变的愿望，我开始与她讨论"问题解决"，与小雅讨论具体的改变计划。

你有哪些选择	最佳的选择	实施决心		
		时间	地点	新行为

在第三次的咨询中，我运用正念使得小雅情绪稳定之后，重点采用认知疗法与小雅对之后可能出现的糟糕情绪进行调节。我告诉了小雅一些情绪调节的具体方法，使得问题可以真正被解决，而不仅仅停留在正念中的忽视。在此次咨询中，我体会到认知的变化是心理咨询有效的

根本。如果来访者没有任何观念上的改变，即使不良行为改善，也很有可能在之后的某一天再出现问题。所以，要努力使来访者的认知和行为都产生变化，才能达到良好的咨询效果。

提出要求，改善人际

在这次咨询中，我发现小雅已渐渐变得理性、冷静。于是我运用了DBT技术中的"风险计划"和"提出简单要求"。我与她探讨未来，聚焦其对未来的担忧，引导她填写"风险计划"。

我的担忧	会发生的依据	不会发生的依据	会发生的百分率	应对计划

小雅担心自己考不上好大学，因为她成绩不够好，并且担心会越来越差。于是，我要求她预估这一现象发生的概率是多少。小雅想了一想，回答说："只有百分之二十。"在小雅罗列好计划后，我引导其思考计划的实现，是否需要他人的帮助。小雅表示希望得到老师、同学的帮助，但她不太习惯跟人提要求。我告诉小雅，富有技巧性地提出要求，掌握了方法就简单多了。这个方法就是"提出简单要求"。

我："我们在请别人帮助的时候，首先，需要给出一个解释，比如为什么需要别人帮助，自己无法独立完成的理由是什么。因为，如果别人觉得你的事情不需要帮助，你也可以自己完成，那么对方帮助你的可能性就会减小噢。你尝试说说看，如果要请同学教你做题，你会怎么说呢？"

小雅："我大概会说，我希望你能教我做题，因为我不会做。"

我："很好，你解释了需要得到帮助的原因，但是似乎语气太强硬了一些。能不能用问句表达呢？"

小雅："你能教我这道题吗？因为我不会做。"

我："很好，这样就听着舒服很多了。记得最后要表达自己的感激哦。"

小雅："你能教我这道题吗？因为我不会做，谢谢你。"

这次，我给小雅布置的作业是希望她能在生活中多多运用交流技巧，让自己多获得他人的帮助，感受生活的美好。

小雅在几天后的一个中午跑来告诉我，当自己开始主动跟同学接触的时候，发现了同学们有许多优点。原来同学不像她之前以为的不关心别人，他们热心，愿意关心、帮助她。我为小雅能看到生活中的美好而感到高兴，并且提醒她在日常生活中还要继续练习"安全地方形象化""自我抚慰""思想解脱"等技术，巩固咨询效果。

在这次咨询中，我重点教授小雅与他人交往的技巧，改善小雅的人际关系，以此来促使其感受到世界更多的善意与美好。看得出来，小雅在调整了自身不良情绪之后，对生活也慢慢产生了期待，精神状态也不似之前那般萎靡，可见教授具体实用的心理学技术是个不错选择。

✍ 整个个案持续了一个半月的时间，给我的较深体会是：有自杀倾向的来访者，他们往往因为多方面生活不如意，加之对改变未来失去信心，形成了严重情绪问题。因此，对这类来访者的治疗应首先缓解情绪，再用具体技术重燃对生活的憧憬。在咨询的过程中要积极利用来访者的资源，为其重构经验。许多有自杀想法的来访者往往是因为对自身经验存有不合理的认知。经验本身没有对错，但来访者会加之自己的判断，使得某些中性的经验带上负性的情绪。因此，我们要懂得从来访者自身出发，从他们的角度，帮助他们获得对经验的积极解释。这对我们咨询师的共情能力要求很高，如果不能从来访者的角度进行思考，说得再多，都是无效的，甚至还会起反作用。究竟应该在什么时候用什么技术，说什么话，只能是我们在无数次咨询实践中不断去摸索和领悟。而我认为，在咨询中很重要的一点是要依据理论，进行实践。

心理咨询是一门技术，意味着它有自己的科学理论。我们应当按照理论的步骤与指引，将理论付诸实践，来访者才能真正获得有效的咨询。而我们咨询师也能在实践中成长，体会到系统咨询的魅力。

知识链接

辩证行为疗法（DBT）、接受与承诺疗法（ACT）和专注认知疗法（MCT）统称为第三代行为疗法。DBT以哲学辩证法为基础，包括承受痛苦、掌握正念、人际效能和情绪调节四个部分。强调理性与感性之间、接受与改变之间的辩证平衡与协调，综合运用精神分析动力学、认知 - 行为以及人际关系疗法等多种疗法，提高来访者全面客观看待事物的能力，最终减少情绪失调和行为异常的可能性。

DBT是在实证上通过随机临床试验，国际上公认的循证医学支持的有效疗法，在美国的临床心理中应用非常广泛，凡是曾经有过或现在有准自杀和自杀行为的严重情绪失调者，都被建议首选DBT的系统治疗。

我走在街道上，

有个深洞在人行道旁。

我掉进了深洞，

我迷失，我彷徨，

这不是我的错，

而我花了很长时间才回到地面上。[1]

——题记

那不是你的错

——运用NLP技术解决焦虑情绪

　　敏敏，私立学校初三女生，个头较高，身材微胖，是个发育较早的女孩，学习成绩一般，性格外向，胆子很大，性子有些着急。她家住在离县城较远的一个小山村，爸爸偶尔出门做木头的生意，妈妈在村子附近的小镇上开理发店，有个弟弟。敏敏从小多和奶奶一起生活，记忆中从没有和妈妈一起睡过觉；和爸妈关系较为冷漠，尤其和爸爸没话说，甚至有点讨厌爸爸，和同学关系不错。

　　她是在一个同伴的陪同下步履沉重、双手插在校服口袋里、低垂着头走进辅导室的，她把自己稍显胖的身躯整个陷进了沙发里，似乎在寻找一种依靠；在陈述的过程中时而皱眉、时而显现无奈、时而眼红含泪哽咽，思维清晰，语速略慢。

---

①　出自伯迪亚·纳尔逊的《我的人行道有个洞》。

敏敏告诉我说，近一个月来她的睡眠质量下降，很烦，心情很压抑，焦虑及纠结，害怕周末的到来，每个星期到了周三、周四就开始担心，晚上觉也睡不好，经常半夜醒来难以入睡，还伴有一种恐惧感。现在不能集中精神学习，想到再有几个月就要中考更是焦虑。

我掉进深坑

三月阳春天，阳光暖暖地斜照着，是个咨询的好天气。放学铃声响了，今天没有预约，我收拾好自己的心情，拉上温暖的窗帘，打开灯，室内温度刚刚好，如果有学生要咨询，估摸着到点了。正寻思着，只见两个女生迈进了咨询室，我迎了上去，引着她们来到沙发旁，其中一个略胖、低着眉、脚步较沉重的女生把自己陷在了沙发里，弯着腰双手紧紧握住放在了双腿间，另一个女生选择坐在了旁边的一张塑料凳上。

我微笑着亲切地和她们打招呼："你们好，很高兴见到你们。请问有哪些方面需要我协助的吗？"

"是她的事情，不是我，我是陪我这朋友来的。"坐在凳子上的女生说。

"哦，是这样啊。"我温和地朝着坐在沙发上的女生说，"你看你是需要朋友陪着还是让她回避一下呢？"

来访者抬起头，对着同伴说道："要不你先到隔壁图书馆看会儿书，完了我去找你好吗？"

……

她面朝着我："老师，我叫张敏，今年初三，就快毕业了，心里很烦，想让你帮帮我。"

我微笑着说："那老师就叫你敏敏吧，谢谢你对老师的信任（向敏敏说了心理咨询中的保密原则）……你说感到很烦恼，能具体说说吗？（具体化）"

"老师，我这段时间总觉得很烦，害怕周末的到来，我很纠结周末是留校还是回家。留校吧，到了周末我们班同学都回家了，只剩下我一个人。还有周六早上我要出去补课，门卫不让出去。前两年周末我爸妈都叫我到城里的亲戚家中去，我去过几次，时间长了好像亲戚们不是很高兴，我也感到特别不自在，现在都很害怕到他们家中去。回家吧，一个是家比较远，要坐较长时间的车，再一个……（沉默、犹豫），我也不是很想回家。所以，每个星期到了周三、周四我就开始纠结、害怕周末的到来，晚上睡觉也睡不好。其实很多时候，我也挺想回家的。(有点哽咽，眼睛亮亮的)"

"噢，孩子，我能体会到你的感受，遇事左右为难是很糟心的。你说学校离你家有点远，但也不是不方便回家，你想回家，之所以不回家，是否有别的原因？"

敏敏陷入沉默，略微抬着头，眼睛看着空中，这是在体验某种情绪。大约一分钟后，她自己打破了沉默："老师，我经常半夜醒来难以入睡，还伴有一种恐惧感。现在都不能集中精神学习了，眼看着再有几个月就要中考了，愁死人了，该怎么办呀？"

我身体往前倾了倾："睡眠质量不好加上担心学习，我能理解你的辛苦，能告诉老师每当醒来睡不着时都会想些什么吗？"

"我……我……"敏敏再一次出现沉默，欲言又止。

我注视着敏敏微笑，点点头说："你放心，有什么事我会给你保密的，保密是我们的第一原则，有什么事你尽管讲出来，我会一直在你身边的噢。"

"老师，那是发生在我六年级时的一件事……有一天晚上我在妈妈的理发店吃完饭、做完作业后，妈妈让我搭同村的一个 30 多岁的男子的摩托车先回家，在回家的路上，那男子突然停下车抱住我要我让他摸一下，我恐惧地大喊大叫，那男子害怕了，停止了骚扰行为，连忙说自己喝多了酒，后来就赶紧把我送回了家。我当时真的是害怕极了，真的是感到羞耻又恶心。"敏敏抽泣着讲述了那次骚扰事件。

我站起来用纸巾擦了擦敏敏的眼泪并搂住她，用手轻轻地拍拍她的后背。

"老师，我现在只要是醒来就会想起那件事，就会有一阵阵的恐惧感，怎么也难以入睡。"敏敏接着说道。

"那次事情发生后，你告诉父母了吗？"我问道。

"没有，我不敢告诉，也不想告诉，就一直压在心里，本来想告诉奶奶的，但怕奶奶年龄大了担心我，我从小是跟着奶奶生活的，奶奶对我很好的……"敏敏红着眼睛说了家里的事情及对父母不大亲近的情感。

"哦，孩子，我明白了你为什么周末想回家却又放弃回家了，那是因为你害怕面对那个环境，害怕碰到那个骚扰你的人，对吗？你之所以对你的爸爸特别反感，也是因为这件事，是因为你的爸爸也是一个30多岁的成年男性。"

"是的，我害怕回家会看见那个人，以前好像不大会想起这件事，就算想起也不会那么害怕，就最近，夜里醒来脑子里就浮现出那件事。"

我和敏敏交流了其中的原因：事情发生后她选择了隐藏、遗忘，埋得深深的，现在，在初三紧张的学习和升学的压力下，遗忘的事件被诱发出来，重新浮现。

敏敏接着难过地说道："老师，其实现在我很担心自己的现状，我脑海里会时常想起我的表姐，那是一件让我印象非常深刻的事情。那一年，正在读初三的表姐突然有一天跳楼自杀了（轻声抽泣），当时我怕极了，我们家里所有的亲戚都悲痛不已，我真的是无法形容，至今我们家族中的气氛还是很难过的。我现在也正好是初三，有时候会把自己和表姐联想在一起，就很担心自己会不会也……"

我握紧敏敏的手："哦，好孩子，真的是苦了你了。你不但害怕夜里睡不着觉，还要担心自己能不能扛下去。你扛过来了，因为你学会了求助，你真的很棒、很勇敢。相信经历了表姐的事件，你对生命的意义一定另有一番见解，同时也看到生命是很脆弱的，失去就在一刹那，那将会给亲人、朋友带来难以磨灭的伤痛，是吗？"

"是的，老师，我至今难忘我姨妈哭得死去活来的情景。所以我对自己眼前的状态很担心，担心自己也会给家人带来伤痛。"

我决定先使用 NLP 中的暗示语言模式做放松训练，先缓解敏敏过度的焦虑和恐惧情绪，同时使她感到自己的内心有勇气在升起。

我让敏敏选了个自己感觉最放松的姿势，同时缓缓地指导道："（前两句语气稍高稍重一点，两三句后逐渐放慢、低沉、小声一点，慢慢地）现在我们坐在这张沙发椅上，用最放松最舒服的方式坐着，闭上眼睛，缓慢地呼吸，开始放松自己。好，就这样，现在我们开始吸气，对，吸气，感受一下吸气时内心的力量在加强。再吸一次气，对，内心暖暖的，感觉那股力量在身体内扩大、扩大。再吸一次气，感觉那股力量充满了身体各处，渐渐地充满了双手，直到手指，也同时充满了双脚。对，就是这样。再吸一次气，感觉那股力量充满了全身，给我信心、勇气、能力的那股力量正在冲上头部。再吸一次气，那份力量完全地保留在身体里的每一处，走出这个房间后，我充满了力量。好，接下去我们练习呼气。吸气，然后呼气，呼气时慢一点，慢一点。再做一次，呼——气——对了，把注意力放在肩膀上，慢慢地肩膀往下沉，再放松。再做一次，这次呼气更长一点，肩膀更放松，更舒服，我渐渐地平静……"

指导敏敏按上面吸呼气的要点同时做吸气、呼气练习。

布置作业：

（1）尝试着和爸爸妈妈沟通，说说自己对亲情的真实体验。

（2）每晚睡前躺床上做深呼吸放松练习。

（3）预约下次咨询时间。

基于敏敏的自述和观察，她体现出来的情绪体验和行为表现有以下几个方面：

（1）想到周末很纠结，想到睡眠很烦，想到学习很担心。

（2）害怕回村，更害怕见到那个人。

（3）不想接近爸爸。

（4）想到表姐有对自己现状的担忧。

（5）能正常学习，但注意力不能很好地集中。

（6）行为举止正常。

（7）主动求助。

（8）最近一个多月症状明显。

  ✂ 症状表面看上是对周末去留的纠结、讨厌父亲、睡眠不好、担心学习，背后的实质是幼年时遭遇骚扰和表姐自杀两次创伤性事件形成的症结在压力下被诱发出来。敏敏六年级时遭遇了性骚扰，由于害怕、感到羞耻，加上一直以来不在父母身边生活，和父母关系淡漠，沟通不良，不敢和家长倾诉自己的遭遇，也不敢和其他人及老师同学讲述，导致家庭支持系统和社会支持系统缺乏。后来正在就读初三的表姐自杀，当时恐惧悲痛的情绪也没有及时得到疏导。在初三升学的压力下，长时间压抑的不良症状被诱发，导致生活秩序紊乱。同时因为对骚扰自己的那个成年男性感到恶心，以致对同样是成年男性的父亲产生讨厌情绪，使原本就不亲密的父女关系更加疏远。✂

这并不是我的错

第一次咨询结束后在征得敏敏的同意下，和生活区的值班老师及值班的门卫进行了沟通，周末如果敏敏想留校就同意她外出补课，解决了敏敏周末纠结留不留校的问题。同时生活老师也在生活上给予了更多的关心和帮助。

又一个大课间，到了我和敏敏约定的时间，在整理好咨询室后，我决定到门口迎一下敏敏，只见小敏双手插在校服口袋里，脸上有些许轻松地如约来到辅导室。

敏敏一进来就面带微笑地说道："老师，谢谢你！我晚上睡眠好多了，自己也感觉心里平静了不少。"

"哦？是吗？敏敏真棒。这是你自己努力换来的呢，你主动求助，还有能和老师真诚配合，你的问题就已经解决一大半了哦。"我鼓励道。

"是啊，真好，之前我以为我要完蛋了，用了很多方法拼命地叫自己不要想却都不能让自己平静下来，常常夜里醒来害怕睡不着觉，还要担心睡眠不足对学习有影响，有时候都要发疯了。"敏敏提高声调说。

"敏敏你想啊，一条小河如果用泥巴堵起来，时间长了会怎么样？"我引导着。

"会决堤啊，有一天如果堵不住了就冲垮了。"

"对，决堤的破坏性更强，我们的不良情绪也是这样的，平时出现不良情绪的时候就要及时疏导，不能积压得太多，积累得多了，最终我们也会崩溃的。"我继续引导道。

"老师你的意思是一旦出现消极情绪就要及时排解，不能忍着，是这样吗？"

"对，你的领悟力很好哦。这样，老师接下去用 NLP 中的'接受自己法'帮助你消除不良症状，好吗？"

敏敏点头同意。

于是我先引导敏敏放松，复习一遍上次辅导中学习的"暗示语言模式呼吸式放松"。

"对，好，很好，慢慢地，慢慢地，把自己的注意力集中在自己心脏的位置，轻轻地闭上眼睛，对自己说：谢谢你一直在照顾我，感谢这几年来为我做了这么多，我的成长是因为有你，谢谢。"我轻轻缓缓地指导着，"你看到了什么？"

"我看到了一个小女孩，周围黑黑的，她是那么的害怕，孤独无助。"

"好，你走过去告诉她，那不是你的错，那时你还是那么年幼，突然碰到这种事情当时真的是吓坏了，都不知道怎么办，但你是个好女孩，你已经很勇敢了，你大声地喊叫，避免了事情往更糟糕的方向发展，你能走到今天，就已经说明你是很棒的。"

然后，我引导敏敏在内心中继续与小女孩沟通，给她肯定、同情，并让小女孩知道敏敏是怎么想的。双方相互接受，敏敏伸出双手接住小女孩，和小女孩拥抱，给她一份安慰和力量，感受一下两个人合在一起的力量，这份力量让人更完整、更有勇气面对未来的人生，再做深呼吸让这份感觉充满全身。

"现在再看那个画面，有什么不一样吗？"

"那份漆黑的画面不见了，小女孩周围渐渐亮起来了。"

"好，告诉自己，我现在是个全新的我，我自信，我依然是个好女孩！"

……

敏敏慢慢地睁开眼，听到她长长地舒了一口气："真舒服，感觉一身轻松。"

接着我和敏敏一起回忆寻找她父亲呵护关爱敏敏的点点滴滴：比如爸爸出门回来总会到学校看她，还会带来好多吃的；周末回家会早早地在镇上等着坐车回家的她；小时候背着她到奶奶家去；等等。

逐渐得，敏敏体验到自己家里的那个大男人是爸爸，和其他成年男性是不一样的，有区别的，敏敏还明白了那件事的责任不在她，她已经使用了非常正确的方法。

敏敏："这么说，当时我的做法是对的。"

我点点头回答："对啊，遇到这样的事不要慌张，不要害怕，往人多的地方跑，嘴里大喊救命，就一定能吓退侵犯你的人。以后碰到这样的困难，一定别忘向大人、向信任的人求助。事后也要及时地消除心中的不良情绪哦。"（咨询老师根据求助者的情况讲明一些基本的常识是必要的，可以帮助来访者正确对待所发生的事情。）

布置家庭作业：

(1) 每晚睡前继续做"暗示语言模式呼吸式放松"。

(2) 每周给爸爸妈妈打电话至少一次，讲讲在校的学习生活。

运用 NLP 的暗示语言模式，能迅速地抓住困扰来访者的问题核心及找出问题背后的深层意义，直接处理核心问题，并从问题背后的深藏意义中找出治疗契机。引导来访者把焦点放在解决问题上，而不是纠结于为何出现问题，从而让来访者从被困的问题圈中跳出来，看到转机与希望，振奋心情，更清晰理智地解决问题。NLP 认为，既然一次不愉快的经历让人学会恐惧、担忧，也可以通过改变经验元素，来快速有效地

消除以往的不愉快体验及影响。🎵

我回到了地面上

第三次咨询是在清明节放假后第一天的大课间时间。下午第三节课铃声响起不久，刚刚还在担心放了几天假敏敏会不会忘记我们的约定时，只见她抱着几本书面带笑容地走进辅导室。

"老师，我好了，不用辅导了，我这次清明节回家了，晚上也能睡得踏实了，还有我看我爸爸也没有那么讨厌了，周末也不用纠结了哦。"敏敏快言快语道。

我高兴温暖地应声回答："哦，太好了，你真的是很棒！太谢谢了，谢谢你能这么信任老师，促使自己有这么快的转变，让老师也有种前所未有的成就感哦。在接下去的日子里，老师会给你一些建议和需要注意的问题。孩子，在这个世界上有些事情我们是无法控制的，比如天上打雷下雨、地上山崩塌陷，还有你遇到坏人这件事，但是我们可以控制自己对这类事情的反应。还有，记住要及时地求助。"

敏敏有点担心地问："老师，你说以后我还会经常在夜里醒来想起这件事吗？那时怎么办？"

"人在特别劳累、精神很紧张的情况下也容易出现无力感，会控制不住地想一些伤心的往事，你只要在学习方面不要有太大的压力，随时调整自己的心态，放松自己，你一定能战胜自己的呀；老师还可以教给你一些方法，比如，当你想起这件事时，你就大声喊'停'，然后想想自己比较喜欢的一个人或开心的一件事。"

在咨询结束前和敏敏讨论了一些如何主动地和家长沟通，建立良好的和谐的亲子关系的技巧。

"老师，真的谢谢你，谢谢你帮助我渡过了眼前的困境，我不会忘记你的。"

"不用谢哦。孩子，记住！老师一直在你身边。"

"嗯，老师，再见！我再去图书馆看一会儿书。"

敏敏摆着手轻快地走出辅导室，朝隔壁的图书馆走去。

敏敏的遭遇是令人同情的，她的遭遇对于花季女孩来讲具有一定的典型性。年幼的敏敏在两次突遭创伤性事件后，没有得到及时的心理干预，更主要的是家长一直对敏敏缺少关注，亲子关系淡漠，使敏敏的心理防御系统严重缺乏家庭支持，以至于在受到伤害后得不到家庭的及时支持和有效指导，导致恐惧担忧，影响到后来的正常生活。

如果家长在孩子童年时，就注意和孩子建立亲密的关系，把孩子带在身边，给孩子安全感，在孩子面对创伤性事件时及时地给予关心、支持和指导，让孩子能放心地把所受的伤害倾诉出来，适时地给孩子做些性方面的教育，敏敏也不会背负如此沉重的心理负担。由此可见，做老师和做家长都要做好青春期女孩的性教育，非常有必要教给她们基本的防护措施。

本案利用 NLP 中的"暗示语言模式呼吸式放松"和"接受自己法"来指导来访者提升自己的勇气对抗焦虑，重塑思维模式，克服在回想负性事件中出现的不良症状。同时，让来访者明白，问题的关键不是你曾经遭遇了什么，而是你如何对待它。

知识链接

NLP 简快心理疗法 [1]

一、暗示语言模式

米尔顿·埃里克森运用语言文字的能力，经分析和提炼而成。在深呼吸放松时加上适当的声调、说话速度、手势、身体语言甚至走动来配合。

---

[1]　源自李中莹《NLP简快心理疗法》。

在引导来访者时，最好的办法是开始时先跟随（配合）他的声调（快慢、大小声和语气），三两句后才慢慢地改变：放慢、低沉和小声一点。在声调上如此配合，来访者会很快进入愿意配合辅导者的状态。

在说话时还有以下的运用技巧：

1. 说指令词之前稍停顿一下（例如，你注意你的肩膀可以——放松）。

2. 说指令词之前加大音量（例如，你注意你的肩膀可以放松）。

3. 说指令词时改变声调，较高或较沉皆可。（例如，你注意你的肩膀可以放松）。

4. 说指令词时把文字拉长一些（例如，你注意你的肩膀可以放——松——）。

5. 可考虑加上手势，每次说指令词时都用同一手势（例如，在说"放松"时，提起一只手，手掌向下，由上慢慢向下移动）。

几乎所有的澄清语言模式的语式，都可以运用在暗示语言模式之中。运用澄清语言模式中的语式，最容易达到暗示语言模式的效果。

二、接受自己法

在人生的经历中，特别是小时候有很多不愉快的经验，无论是当时自己做得不好，或者是受到别人责备、欺负，都会造成不接受自己的情况。那些不愉快的经验就形成一些局限性的信念，也相应产生了错误的价值和无效的规条。结果是经常与自己过不去、否定自己，也不接受身边的人事物。有些时候，自己甚至记不起有关的往事，而只是感到对自己不满意、不耐烦。

接受自己法是处理内心矛盾和冲突起源的方法。当一个来访者跟自己过不去，有很多做不好的记忆，甚至有些来访者记不起有关的往事，而只是感到对自己不满意、不耐烦，这种情况下最适合使用这个技巧。

那颗内疚、恐惧的心背后，

藏着对爱的深深的渴望。

那纠结、痛苦的呢喃背后，

流动着爱的满满的能量。

唯有潜心，才能看见。

——题记

被内疚纠缠的岁月

——记一次失败的心理辅导

林子，高一的学生，黝黑的皮肤和忧郁的眼神让我记住了他，总觉得以后的日子我们会有比较深的接触。某天林子的班主任跟我诉苦说自己班里有个很缠人的学生（指林子），只要遇到一些事情，总拉着她一直倾诉，令她无法正常工作，感到困扰。在接下来的一年中，我和林子一直保持着联系，有时在咨询室，有时在 QQ 上。

他在家里沉迷于游戏，与父母时有言语冲突。在学校喜欢唱歌，爱表现自己，可同学不喜欢他，处处受排挤。他常常因为一点小事自责，并想方设法地想要弥补过失。本以为这是他的原生家庭带给他的个性问题，但是咨询越深入越发现，并没有我想象的那么简单……

我很内疚

林子黝黑的皮肤让人感觉一脸正气，忧郁的眼神也仿佛藏着许多的故事。在我问他"现在有什么事情困扰你吗？"之后，他就打开了话匣子，滔滔不绝。

"我总是控制不住自己的情绪，只要碰到别人，我心里就很不舒服，希望别人能用肢体来回应我，骂我。我觉得自己很没用，总是给别人添麻烦，比如班主任。上学期她喉咙哑了，说不出话，可我还麻烦她各种事情。我宁愿大家骂我，说我几句，可大家为什么都这么宽容我，让别人骂我有这么难吗？我想有些方法可以忘记不开心的事情，不去想就不会有歉疚。"

我意识到这可能不单单像他描述的那样，于是了解了下他的家庭情况，得知他的父母都是打工者，家境困难，父亲做事屡屡失败，母亲比较强势，文化水平低，在家常常骂人，姐姐在读大学期间被诊断为有精神病性问题，休学在家。我接着问道："你这种内疚自责的情况从什么时候开始的？"他的回答让我有点意外："是从初中一个好朋友的去世开始的，他帮助了我很多，可最后他却因生了一场大病而离开，但去世时我一点也不知道。我有一个朋友，我们关系挺好，她中考不理想，我认为是我害了她，若不是她常常花时间开导我，可能就不会这样了。我很希望他们能骂我，这样能减轻我的负罪感……"

我认为是他的自责内疚无法表达出来，才导致了他现在的困扰。于是我使用了空椅子技术，过了许久，林子眼角有泪花，告诉我说舒服了点。本次会谈结束，约定下周再见。

&首次会谈的主要任务是建立良好的咨访关系以及获取相关的信息。由于林子是主动求助的，所以对我并没有防御心理。他迫切需要一个倾听者，我们很快进入了正题。当我发现他是被歉疚感困扰，却无法表达时，希望通过空椅子技术来帮助他宣泄情绪，但收效甚微。在此，我认为我不应该急于使用空椅子技术，而是应该让林子自己想想有什么办法。结束后我意识到应该先对其进行心理测量，初步诊断，这是我的疏忽。从他的反应中，我感受到他迫切希望我能帮到他，我忐忑我真的能帮他吗？&

我很害怕

相约第二次咨询的时间到了。上次咨询后他的情绪有所好转，但这两天到了晚上又睡不着觉。林子告诉我："周末回家和妈妈吵架了，姐姐休学一年在家，我觉得她变了好多。上周末回家因为看不惯姐姐对妈妈呵斥，我很生气地和姐姐打起来，可妈妈还骂我，说我应该让着点姐姐。我听了很伤心，在打架中我的手也弄伤了，可妈妈一点都不知道，我觉得她一点也不在乎我的感受。以前朋友的事再加上家里的事情，我觉得很难受，不舒服。"

在给予林子共情后，我问他："你愿意去探索你的内心世界吗？"他犹豫了下点了点头。我决定用房子意象，向来访者说明了什么是意象对话和要求后，开始让他放松。内容太多，我选取其中最重要的一个部分来阐述：

林子想象了一间房子，是他死去的朋友的。之后出现的都是和他朋友在一起上学放学的情景。突然他的朋友不见了，没过多久，很奇怪又在路上碰见了他，还看见了另一个自己，然后自己像局外人一样看着一切的发生。这样的感觉很奇怪。后来他又来到了一个地方，不知怎的，突然掉进了一个洞中，以为自己要死了，但是没有，可怎么也上不去，很害怕。这时听到有人在叫他，声音很熟悉，但是想不到那是谁。那人扔了一根绳子下来，然后把他拉上来，背在肩上，原来是他的父亲。这时他的感受是愉悦。

到这里我让他从意象中出来，并结束了本次咨询。

通过他的描述，我听出了他对家庭温暖的渴望，对爱的渴望。原本我打算用房子意象去启发他探索自己内心深处的渴望，然后通过整合让他重新认识到自己和家人的关系，从而缓和亲子关系。但令我意外的是，他的意象中出现的是他的朋友，整个过程大概持续了两小时。我从来没有遇到过一个来访者的意象如此丰富，他自己可以滔滔不绝，就像在放电影，我想如果我不喊停，他还可以继续。从房子意象中我找到了他无法解脱的关键事件是他好朋友的去世，需要有人将他拉出深渊。意象中当他坠落洞中，他的父亲将其救出。这里我感受到了他希望自己的父亲变得强壮，然后能够给予他战胜困难的力量。两个小时已经大大超出了一次咨询的时间，这让我相当疲惫。我也感觉自己面对他的意象有点吃力，跟我之前在学习意象时的状态完全不一样，我完全抓不住工作的点。

我为什么没有死

上次咨询后，第二天他就说要马上再咨询，我并没有同意，而是让他把想表达的写下来交给我。一周后，我们又相约在咨询室，林子反馈上次咨询后刚开始就像打了兴奋剂一样，失落的情绪消失了，但维持的时间不长，因为广播室里放了一首忧伤的歌，他又想起以前的事。

有一次，他发现去世的朋友的QQ在登录状态，原来是他的姐姐，他姐姐说，他去世之前还嘱咐她，如果我心情不好，就要以他的名义来开导我。为什么"他"又要出现呢？我真的希望和他在一起。在了解他的困扰后，我先引导他找个舒服的姿势靠在椅子上，做几个深呼吸，从头到脚，一点一滴地感受整个身体慢慢放松下来……大概四五分钟后，他身体放松下来，内心也恢复平静了。

我问："你现在在什么地方？"他有点紧张地说："我发现自己掉到了一个洞里，有臭味。"我很好奇："是什么样的臭味？"他很坚定地告诉我是尸体腐烂的臭味。

这时我有点紧张也有点兴奋，果然他还是绕在这个问题上，我接着问："这个臭味是从哪里发出来的？"他有点激动地说："我看见了，是我朋友的尸体，死了很久了。"接着他又有点绝望地说："我突然也很想和他一起死，这样我就能和他不分开了。我用石头砸自己，用力地砸自己，我以为自己死了。可是醒过来发现自己在海边。于是我打算淹死，我慢慢走到海里，一直下沉下沉，以为自己要死了，可是这时候有一束光进来，我又浮上来了。为什么我想死却死不成？很沮丧。在海边走，走着走着，我看见了姐姐。她在烤东西，那东西像一个人，她把那人像烤番薯一样插起来，好可怕。可那人是谁？像木乃伊一样，好熟悉，啊，是我的朋友！姐姐你为什么要烤我的朋友……"

到这里我有点不知所措，好像我被带进了一个死胡同。

♫和上次一样，全是来访者自己在描述，我无从插嘴。这不禁让我有疑问：在遇到这样的来访者时，应该任其描述想象，还是切入一个点？两次辅导过程中都有很多工作点，可我都错过了。比如当他说看到朋友的尸体时，我可以问"尸体怎么会在这里"。当他说很想和朋友一起死时，我可以引导"当你这么想时，你的朋友怎么想"。这次咨询中我感受到的是林子对爱更深的渴望，因为身边再没有像朋友这样的人，他难以释怀。可当时，我完全没有体会到他的渴望。从学生的反馈来看，情况越来越不好，我感觉自己很失败，能量也越来越弱，力不从心了，我不知道该怎么办。后来请教了督导，得到一致的答案，我自己要笃定，一定要切入一个点来进行工作。♫

这个疙瘩好可怕

经过几次会谈，我感受到林子对我产生了移情，非常依赖我，其实我已经力不从心了，也感受到自己的能量在消失，意识到我们已经不再适合继续咨询。但我还是想去尝试，想提升自己，更想帮助他，让他有力量战胜心魔。于是有了第四次会谈。

我问："现在你想象你的朋友正在你的面前，他是怎么样的？"

林子平静地说："他在一个相框里，可我看不清楚他的模样，一直盯着我看。"

"他为什么会在那里？"

"不知道，他就在那里。"林子一副无奈的样子。

"你看着他，深深地看进去，他有什么变化？"

"他好像会动了，渐渐地能看清楚他的模样了。他站在我的面前。"林子欣慰地说。

"看到他，你想对他说什么？"

"我对他说，可是他不说话，就一直看着我笑。"

"问问他在笑什么。"

"他就不说话。"林子无奈地说。

我缓缓地引导："你看着他，深深地看进去。"

"我看到了他的心。"他平静地说。

"是怎么样的一颗心？"

"心有两层，一层很薄，另一层却用钢铁包裹着进不去。"

"你试着用心贴着它，慢慢靠近，用心感受。"

"外面一层是热的，里面一层是冰的。是很大的冰块。"

"冰块后面是什么？"

"小气泡，中间有一个黑点。"

"怎么样才能让冰块融化？"

"没有办法，不能靠近。"

"试试看，你用手碰碰它。"

"好冰，那冰竟然融化了，用手碰到的地方冰就化了，我的手好痛，我顿时明白了，那冰块只能用人的体温才能融化。"林子惊喜却又无奈地说道。

"那你打算怎么做？"

"他不让我碰了。我看到那层冰融化了，可当我的手退出来，它又封上了。我的手扯出来，像撕裂一样，好痛，流血了，血是绿色的，又有点黑色，像瀑布一样流下来到处都是。这时冰块化了，心变成了网格。"林子表情凝重。

"你摸摸它，用心感受它。"

"很扎手，泡泡里还包裹着白色的泡泡，我不想去了解它，相比而言，我的心简单得多。他不愿意告诉我他的困难，他说不是任何事情都能分担的，你没办法。"林子无力地说道。

"那你想不想进去看看他的心？"

"我很害怕，他不想我进去。"

"我知道，你是我身体的一部分，我无条件地爱你，无条件地接纳你，无条件地以你为荣。"

林子惊奇地说道："竟然进去了，但我发现进去之后更恐怖，原来真的像他说的我帮不了他。"

"你看到了什么？"

"我看到了一个疙瘩，很奇怪，不像人也不像鸟，什么都像可又什么都不像。有十个我叠起来这么大，顶在头上，红色的。"

"你去摸摸它。"

"太高了，我碰不到，周围也太高，爬不上去。"

"再试试看，深深地看进去。"

"我离开了这个地方，游走在他的身体里，进入了他的胃，看到了鱼刺，我用鱼刺捅了捅疙瘩，和人的皮肤一样，软软的。它仿佛和心是连在一起的。可是好恐怖，他的心里为什么有这么一个疙瘩？"

"你再仔细看看它，如果它有眼睛，它是怎么样的？"

"眼神很恐怖，凶恶，好像在哪里见过。"

"想想看，在哪里见过？眼神本来就这样的吗？它在这里呆了多久了？"

"好像是哪个大人的。好像我没来世上它就存在了。它对我说：'你在这里干吗？我要先把你抓起来。'我担心他会把你吃了。它笑我笨，叫我滚回该去的地方。我明明可以走开，我想让它和我朋友的身体融为一体，可是没办法。"

这次的意象让我感受到他的心被裹得牢牢的，然后一层层地被抽丝剥茧，很痛苦。孙新兰老师说，当你觉得痛苦时，痛苦就是一个呼唤、一个契机，呼唤你生命的蜕变。但我无法让他破茧成蝶。在咨询中，他对这个疙瘩很害怕。感觉这次已经快接触到他内心的最深处，总觉得能突破的时候，就卡在那里了，然后绕来绕去。我在想是不是我在引导的时候太急了，比如"冰块"，我让他用手去摸摸看，但是他的感受是撕裂般疼痛，可我竟然没有感受到他的感受。在这里我应该慢一点，让他自己想想有什么办法可以融化这块冰。还有，在意象对话过程中，我一直鼓励其去面对，没有真正发现来访者的需求，有时候面对不了，可以先绕过的。总之，我认为我的引导出现了很大的问题，或者说我的底蕴还不够，根本无法贴近他的心，还无法看到来访者内疚背后的真正力量。

附上最后一次会谈中该生的感受：

好害怕，好恐怖，全身发热，很紧张，很模糊。最初遇到的风景、空气、意境使我心情愉悦，看到小树的成长时，我变得很开心，细心地观察它的成长后变得很害怕。当我静心下来，去想尽办法让它长得更快、更高、更大时，周围的环境竟也在变化，不觉间，一种陌生又熟悉的场景要出现。我开始忐忑不安起来，想后退，我似乎可以预料到什么。

可一直有一种声音在告诉我："你可以的，相信自己，不要一味地逃避。"心中莫名产生一股勇气，但很快就泄了。结果我所想的所畏惧的真的出现了……我真的好害怕，好想离开这个地方。可是那个声音又出现了，它像是从地下伸出的手，牢牢地将我的双脚抓住，使我动弹不得。

我用尽全身力气，就为了挣脱逃跑，结果弄得满身大汗，却还是无济于事。那声音再次传来："不要害怕，我会陪着你。"我开始疯狂地寻找，渴望找到那株救命稻草，却怎么样也找不到，我试着回应它两句，可它给我的回答是："你很棒，相信你自己，这是你心中的结，只有你自己解得开，只有自己才能给你力量，给你勇气。"带着无奈、委屈、痛苦，我只能面对，因为我跑不了。

可在我最无助的时候，它却告诉我："万一坚持不住，可以哭，在这里没有人会取笑你，你可以放肆大胆地哭泣。"可在这种情况下，我怎么哭得出来呢？只能苦笑，只能紧闭双眼，等待着气氛带给我的室息感，大口大口地喘气。

我想回到最初使我心情愉悦的大草原，很美很美，感谢那声音把我带了出来，我试着去寻找老师的身影，我看见她了，可是我却不能靠近。我躺在湿润的草地上，那些甘露渗透了我的衣服，渗透了我的心，冰凉凉的，我大叫："老师不要走！"怎么回事，她不理我，为什么我不能发出声音，她听不见吗？

我慢慢地闭上了眼睛，感受自己的呼吸，我很害怕，那份凉意给我带来了恐惧，她说会陪我的，但人呢？睁开眼睛，深深呼出一口气，谢谢您还在……

看了他的反馈，我才知道上次的咨询给了他多大的恐惧，而当时我竟然感觉不到，我这是再一次伤害他吗？我不知道该如何做，后来我把他的个案情况带到了孙新兰老师的课上，孙老师的一句话让我泪流满面，这句话是："他深深的自责内疚体现了他是一个多么有爱的人，满满的爱。"那一瞬间，我突然明白我错在哪里，我错在根本没有去发现孩子那可贵的品质，而是一味地认为林子存在很大的问题。我觉得自己作为咨询师很失败。但林子回到学校，告诉我说："老师，谢谢您为我所做的一切，我会坚强地面对未来发生的事情，努力过好每一天，这是对您最大的回报。"听到林子这么跟我说，我心里感到欣慰，似乎他也慢慢走出心中的阴影了。

后续：该生后来考上了大学，上大学期间还发信息告诉我他在大学参加了心理社，过得还不错。

回顾整个咨询过程，感觉这是一次"失败"的咨询经历，但我从中学到了很多。我和林子之间的互动是温暖的，是真诚的。至今，当我想起这名来访者时心里仍有一丝的愧疚，作为一名刚接触意象对话的咨询师来说，我太急于"治愈"来访者，也太缺乏在意象对话中带领的经验。这次的案例，教会我一些很重要的东西，明白了理论和真实的咨询情境的差异，明白了面对活生生的来访者那种微妙的不易把握的度。在咨询过程中，我发现我并没有真正的在爱着的状态，而是一直停留在问题的状态，看不到来访者意象中的积极面。我看到的是来访者存在的问题是性格上的偏执，才难以放下朋友的离世，却看不到来访者那颗内疚、恐惧的心背后那对爱的渴望；我看到的是来访者的纠结、痛苦，却看不到来访者纠结、痛苦背后流动着爱的能量。我突然明白了在辅导过程中，林子即使念了爱的咒语，负面意象有所转化，但还是无法突破的原因，是我没有给予他完全的爱。我在第三次咨询的时候就已经带着一种无力感、害怕感、不淡定感。

意象对话是一门博大精深的文化，咨询师唯有潜下心来，用真心贴近来访者，才能真正触动来访者内心爱的力量，这样，咨询师也能让自己心中的那朵玫瑰花永远绽放。

CHAPTER　THREE

第三章

交往指导

- 都是"关系"惹的祸
- 爱不到心底
- 不想和陌生人说话
- 东想西想的，我这是怎么了
- 不愿长大的男孩
- 戴着面具的怪物

我害怕失去"关系"，

只有我对别人有帮助时，

别人才会把我当成朋友；

我不值得被爱，我那么努力，

他们却一点也不感激我。

——题记

都是"关系"惹的祸

——客体关系心理治疗的应用

婷婷第一次找我咨询是一节心理课后。她走到我面前问："老师，你有时间吗？紫嫣是不是找你咨询了？"我看到她脸上忧愁的表情，关切地问："怎么了？我们可以约一个时间咨询。"没等我说完，她的眼泪就掉下来了。她告诉我她和紫嫣是室友，昨晚因为一件小事决裂了。我试着安抚她的情绪并示意约周三的中午咨询，她点头表示同意。

就这样，我们开始了长达一年多的咨询，这是我和她都始料未及的。她说："我没想过我会来心理咨询。"她又说："我觉得我需要心理咨询。"她也曾说过："我可能不会再来这个地方了。"在这一年多的咨询中，她的咨询动机不断发生变化，我对她的了解也在不断深入。

唯一不变的是我们讨论的主题——关系。她与紫嫣的关系，她与好友文丽、晨晨的关系，她与嫂子的关系，她与侄女的关系，她与妈妈的关系，还有她与爸爸和哥哥的关系。在几乎所有的关系中，她都努力给他人提供帮助，甚至牺牲自己的利益让他人感到舒服。她似乎总是卑微地站在一角，期待着他人的"认可"和感激，但结果总是令人失望。这是她痛苦的源泉，也正是她的问题所在。

允诺参与

在第一次的咨询中，她和我说了与紫嫣的事情。但不愿多说，就是告诉我："不会再和她做朋友了，我觉得我没有错。"我能感觉到她的防御。我提醒自己不要急着追问事情的原委或去评价谁是谁非。于是，我做了一些情感反馈，帮助她认识到自己的情绪。然后我们谈了一些咨询的制度和规范。我告诉她："咨询是一个助人自助的过程，心理咨询可以帮助一个人自我成长，咨询遵守保密原则。"她说她希望有所改变，于是我们又约了下周三的咨询。

在前几次的咨询中，我一直在倾听。她说了很多她自己的事情。她告诉我她妈妈在她很小的时候就离开了她。她爸爸经常不在家，回来就是给她钱，告诉她自己吃饭，爸爸出去一下。有时候爸爸心情不好就打她，她说她很害怕她爸爸。有时候她会强调好几次，她很害怕她爸爸。她说她从小就会察言观色，如果她发现爸爸心情不好，她就会躲得远远的。

小时候，她看到别的小女孩有漂亮的连衣裙，就会很羡慕。她心里告诉自己，妈妈回来后就会给她买。结果，三年级的时候，妈妈真的回来了。她期待妈妈回来后能够好好弥补这几年缺失的爱，但是没多久妈妈病倒了，在床上躺了好久。很快哥哥结婚了，有了一个嫂子，嫂子还生了一个侄女，妈妈经常要照顾侄女，就没能很好地照顾到她。她还告诉我，她妈妈离开的那几年，爸爸找过别的女人。但她怕妈妈伤心，没敢告诉妈妈。

有时候她也会讲一些别人的事情。比如段里的某个女生和男生发生性关系了，或者学校的一个女生去酒吧玩的时候醉酒后被强奸了。她小时候看到过一个小女孩被性侵，而且性侵女孩的男性是自己很亲近的人。她说她可能因为小时候目睹的那件事，有时候会关注这方面的新闻。当她说小女孩被性侵的故事时，我有一种预感，是不是她跟这种事情也有关联。于是当我再继续问询时，她转向其他话题了。

大部分的时候，她和我交谈的时候都是面带微笑的，好像在讲别人的故事一样。我知道她是在抗拒内心真实的感受。有一次我反馈给她："尽管你带着微笑在诉说，但每当你谈到家里情况的时候，我感觉你都很不开心。"

她沉默了一会儿，然后变得有点气愤，说道："上周末回家，我嫂子故意当着我的面说鞋子不穿的可以扔掉。我觉得可笑，难道家里连一双我的鞋子都放不下了吗？"

我看着她，轻声地回应"嗯"，示意她继续说下去。

她说："我妈妈还叫我不要跟她计较。她是大人，我才是小孩，为什么要我包容她？"

我回应道："我能感觉到你很难过，你渴望得到爱，想要有一个温暖的家。"

她语气坚定地说："我只是想我妈妈好好陪我一下。"

我点头回应："嗯。"

她说："可是我妈妈很忙，照顾小侄女，做家务，还要帮我哥哥处理生意的事情。每次她来学校看我都不停地打电话。"

在与她的咨询中，我明显感受到她对妈妈的爱的期待。但从她的表述中也不难发现，她其实已经不满足于妈妈现有爱的表达方式。我回应道："你对妈妈的爱的期待给我的感觉是你想要一条非常漂亮的连衣裙，可是你长大了，再也穿不下那条连衣裙了。"

她突然伤心地痛哭起来。

过了一会儿，她说："那个被性侵的女孩是我。"

那一刻，我着实为这个"秘密"感到震惊，尽管之前我有预感。而当她告诉我，性侵她的是她爸爸时，我才突然明白她之前所说的话——为什么自己不值得被爱，自己是坏的、是肮脏的，为什么那么害怕爸爸。

那次的咨询在哭声中结束。

我给她递纸巾，保持沉默，让她尽情地宣泄。

走的时候，她说："我可能不会再来这个地方了。"

我看着她，说："我理解你的感受，有些事情面对起来会很痛。如果你改变想法，可以再来找我。"

我知道她拒绝的不是我，也不是咨询，而是那份伤痛。咨询师需要稳稳地站在那里，给予来访者支持。我清楚地知道，当她再次踏进咨询室时，咨询的关系就会变得更加稳固，咨询的工作阶段也将开始。

客体关系治疗认为治疗"关系"是改变的基础。第一阶段的"允诺参与"目的是努力让来访者在情绪上积极主动地参与到治疗过程中，咨询师可以通过情感联结即传递共情理解来达到这一点。在这个个案中，来访者起初自我防御很强，十分排斥内在感受，我不断通过"当你谈到……，我感觉……"等话语将大部的事实对话转换成适当的情感对话。渐渐地，来访者越来越能意识到自己的情绪并感到到它们对自己的影响，并坦言需要心理咨询。允诺参与阶段完成的一个迹象就是来访者期盼治疗性会谈的到来。

在这个个案中，当来访者说"那个被性侵的女孩是我"时，我的情绪受到强烈的影响，而当来访者说性侵她的是她爸爸时，我的价值观受到强烈的冲击。我努力控制自己的情绪和情感，避免自己的反应对来访者造成二次伤害。我默默地陪伴来访者，并在来访者离开的时候把"我在这儿等你"的信息传递给来访者。我把过多的精力转移到了"控制"上，忽略了其他信息，如来访者为什么在此时此刻说出这个秘密，背后的潜台词是什么。

下一阶段的任务就是投射性认同。在客体关系理论里，它是一个人诱导他人以一种限定的方式来行动或做出反应的人际行为模式。咨询师要通过这种投射性认同的沟通来识别出不同的投射性认同，同时还要识别出隐藏在投射性认同背后的元信息。

投射性认同

两个星期后，她来找我约咨询时间。我们又开始了"关系"话题。她说她现在的人缘不错，这都是她努力的结果。她会花很多的精力去维系同学关系。只要有同学需要她，她都放下手头的事情去帮助。她说："我成绩不好，长得也不漂亮，如果我不这么做，可能就没有人喜欢我了。"我能够深深地感觉到她觉得自己不好，不值得被爱。

她在与我的相处过程中，也是很努力，有时候甚至很小心。咨询中，她会调节气氛，偶尔不知道说什么时会笑一笑："有点尴尬。"在第二次咨询结束时，她就主动问我："下次咨询什么时候？"于是咨询的进程很顺利，有时候我会有"不需要我做什么"的感觉。同时，她也很谨慎，她害怕我对她有不好的印象，她很小声地告诉我她小时候逃过课，她担心我会因此而不喜欢她。

正如卡什丹所言，倾听某人谈论他们的投射性认同与成为某一投射性认同的目标是不一样的。客体关系心理治疗与其他治疗的重要区别是它聚焦于治疗师个人卷入个案病理的方式。治疗师成为投射性认同的目标的第一个迹象是，治疗师有一种感到事情不太正确的模糊感觉，治疗师发现自己变得非常气恼且易被激怒。

她经常对我说的一句话就是"没关系"。有时候我会因为个人的原因而调整咨询时间，她几乎每一次都欣然接受。我十分感激。

有一次她向我提出加约咨询时，我感到有些为难，因为我们是每周三约谈。她表示："我最近情绪波动很大，我担心我会很难过。下周三太远了，我周五的时候能再找你咨询吗？"她的请求似乎很合理，她很需要一个人陪伴她，而且她很信任我，拒绝她是多么残忍的一件事情，因为我确实知道她这几天人际状况很糟糕，我有些为难。

她立马看出了我的反应，然后说："如果老师没有时间也没有关系。"那一刻，我感到很亏欠——她那么理解我，我不能拒绝她。

我补救地说："这周五我已经安排了其他咨询，真的没有时间了。我加你的 QQ，如果对方取消了咨询，我可以告诉你。"

让我感觉更不妙的是，她开始给我的 QQ 发信息，告诉我她今天遇到了什么事情、她的情绪感受，她希望我帮她做判断或给一些建议。大部分的情况，我都不会直接回复她的内容，我会告诉她我们可以面谈的时候谈论这个问题。有一次她在信息中说道：我只是想找个人诉说，老师不回也没有关系。我不得不承认那一次我回复了她的信息，尽管我知道这样做存在问题。

我意识到了问题的严重性，开始监测我的反移情，和我的督导谈论了这个问题。什么原因让我越界？是因为她的无助？不是！（她确实表现出过无助）是因为我的亏欠感——当她做出让步或者自我牺牲，当她表示理解我的处境可以更换咨询时间或者不回也没有关系时。这正是迎合的投射性认同，而且在我身上她成功了。

可惜，她在大部分的人际关系中投射失败了。她感觉自己为朋友付出了很多，甚至牺牲自我利益，但她的朋友并没有因此而感激她或者把她当成好朋友。

我也明白了当她说出"被性侵的女孩是我"背后的潜台词——小时候妈妈不在我身边，因此受了很多委屈，甚至遭受了性侵害，这是妈妈欠我的，所以她要弥补我。

使用迎合的投射性认同的个体需要基于自我牺牲的行为而获取他人的感激。但是在这些行为之下是一种更深层、更有力的交流——这有关潜在交易。它包含在"你欠我的"这样的元信息传递中。使用迎合的投射性认同的个体期望有所回报。这种"回报"是一种保证，即无论发生什么事情，他人都会维持与自己的关系。这种互动模式反而破坏了她最为急切想要获得的东西：那种她之所以被爱是因为她本身而不是她所做的事情的感觉。

个案中的来访者正是以迎合的投射性认同的方式与他人交往。不足的是，我并没有立即察觉并将元信息的传递公开。所幸个案的投射性认同已经出现，接下来治疗的焦点从讨论个案与他人之间的互动转到讨论个案与治疗师之间的互动上，从而指出投射性认同的运行并且暴露元信息传递，然后坚决地说"不"。

面　质

在我们的第十三次咨询时，我们触及了我们的"关系"。

她说她给一个同学发了信息表达自己很难过，她觉得他们的关系还算不错，相信对方会来安慰自己，可是她发现对方只是简单回复了几个字。她说自己曾经在他很难过的时候帮助过他，对方这样回应自己，她感到很失望。

我说："我们一直在讨论关系，但好像我们一直没有谈及我们的关系。"

她似乎恍然大悟，又有点惊讶于我的直接，她回应说："好像是耶。"

我问："这种失望的感觉，是否有时候在我身上也会体验到？"

她摇摇头说："没有。"

我说："当我没有回复你信息时，你会有什么感受？"

她笑笑回答说："还好啊。没什么感受。可能老师在忙或者照看小孩没有看到。我当时真的很抑郁，感觉到了谷底，很想找个人倾诉。"

我说："你的意思是说你愿意把我的利益放在你的需要之前，是这样的吗？"

她回答说："我会做一些牺牲，如果对方感觉舒服的话。"

我继而问道："当你做出牺牲时，你希望我如何回应你？"

她说："老师不要嫌我烦就可以了。"

我说："嗯。你希望我能理解你的行为。除此以外呢？"

她说："有时候，我确实希望老师能回复我信息，哪怕只有一次。"

我说："你是说你希望通过你的付出得到我的回报——比如在咨询以外的时间回复你信息。"

她愣了一会儿，有点不好意思地摇摇头说："老师不回也没有关系的。"

在这次对话中，我将来访者投射性认同的元信息的传递公开，让来访者意识到自己的付出并不是无条件不求回报的，而是希望被认可和感激的，甚至是希望有回报的。

在这次对话后的第二个星期，我又收到了她的信息。信息的内容并不是问句而是表达自己感受的陈述句。

我说："上周，我收到了你的信息。"

她说："有吗？我好像不记得我给你发了。"

我说："嗯，有。大概的意思是你跟家里人吵架了。"

她说："好像是。当时我可能情绪很不好。"

"你给我发的时候，是我的休息时间。"我和善且坚定地说，"我不会牺牲自己的利益去照顾你，我不欠你任何东西。"

我能从她脸上明显感觉到震惊和失落的表情，她没有回应，沉默了好一会儿。她难过又气愤地说："我当时真的很难受，我觉得你是我唯一可以信赖的人。"

我回应说："我能感到当时你的低落情绪，我也很愿意给你提供帮助。我会像以往一样遵守我们咨询的约定。"

在面质阶段，咨询师需要向来访者传递出不愿意参与投射性认同。同时，让来访者明白咨询师拒绝的是来访者的投射性认同而不是来访者本身，这点尤为重要。

因为寒假放假，暂停了一个月的咨询。在寒假期间她给我发过一次信息，相比较之前而言少多了，投射性认同的频率和强度逐渐减弱。

我想下一阶段是治疗的结束阶段。咨询师让来访者了解自己的投射性认同如何影响别人，让来访者看到别人是如何感知和理解来访者传达的信息，体验到不必设防就能与他人互动，同时体验自己和他人在公开关系中的感觉。当来访者放下原有的投射方式，会感到卸下负担，从而改变与他人互动中的一些固有行为模式。

结　束

开学后的第五天，我收到了婷婷的信息，她向我预约咨询时间。咨询的开始，她告诉我："她希望自己在人际关系上有更多的转变，所以继续咨询。"我幽默地回应："我以为你会说你想我了。"咨询的氛围变得非常融洽。

使用迎合的投射性认同的个体很少会意识到他们的行为实际上是有操控性的。在这次咨询中，我向她反馈："当你照顾我的利益而做出让步时，起初我是非常感激的，甚至会想做出一点行为来表达这种感激。但渐渐地，我会感觉到压力，一种亏欠对方无法偿还的压力。我开始排斥这种'帮助'。而且有时候你给予我的'帮助'并不是我想要的，那只是你希望通过这样的方式得到'回报'而已。"

我们的谈话变得越来越坦诚和谐。我开始去察觉她自己行为背后的动机，并坦诚地表达出来。一次咨询中，我提醒她回想当她说出"被性侵的女孩是我"时隐藏着的背后动机。

我提醒她说："当你说出这个秘密后，你却继而说：'妈妈不在的时候，我帮妈妈做了很多事情。'难道你认为这也是你为妈妈做的事情吗？"

她若有所思。

我说："是否感觉妈妈欠你的？"她点头表示同意。

我向她解释道："在你儿童早期接收到的信息是，你需要为照顾你的人做一些事情，否则你将不会被爱。这样被教导的结果是真正价值体现于你对别人有用的能力。你需要通过功利性的活动才可以确信自己是好的。"

她听完后，长长地叹了一口气，有一丝哀怨，有一丝难过。

在后期咨询的时候，她告诉我："我现在也会努力维系我的人际关系，但不会像以前那样纠结和痛苦。"她也谈论我们的关系，坦言说："越来越不觉得老师是一名心理咨询师，而是一个知心朋友。"我能感觉到她可以处理自己与他人的关系，维系好与周边人群的关系。

最后，我们讨论了分离的话题。她告诉我她有些舍不得，我告诉她我也有类似的感觉。我们像朋友一样默契地笑一笑。我们决定结束咨询，当她觉得有需要的时候可以再来找我。

客体关系心理治疗强调"治疗师—来访者"的关系，它聚焦"关系"，通过帮助来访者内投经验外化或退化，改变病态关系，重建健康"关系"，以促进来访者自体的整合，使其在新的环境里正常发展。下面根据客体关系心理治疗的四个阶段梳理本个案：

第一阶段：允诺参与。咨询师通过倾听、共情、无条件的积极关注等方式，让来访者感受到咨询师的陪伴与支持，让来访者体验到咨询师的接纳与开放，从而让来访者这个个体积极地参与到咨询中。本个案辅导的前二十次咨询基本处在第一阶段，花费的时间较长，但对于后期的咨询来说起着至关重要的作用，尤其在面质阶段，来访者因为与咨询师有深入的联结而不容易脱落。

第二阶段：投射性认同。咨询师通过反移情监测识别来访者投射性认同的方式。这是非常考验咨询师的一项任务：治疗师既要卷入到来访者的投射性认同当中成为其投射性认同的目标，又要辨别反移情感受哪些与个案有关。在本个案辅导中，我曾陷入到来访者的投射性认同中，因为亏欠感而弥补来访者——给予其咨询以外的关心。这是"卷入"的部分，在客体治疗中是无法避免的，但咨询师要尽快察觉并确认来访者投射性认同的类型。

第三阶段：面质。面质是咨询师拒绝参与来访者的投射性认同。对来访者和咨询师来说，面质都是挑战。面质阶段可能会面临很多问题，比如来访者不愿意放弃原来的投射性认同继续"诱惑"咨询师，或者降用次级投射性认同，咨询师要对自己的面质有信心不妥协，且传递拒绝时一定要表达出支持与无条件的接纳，让来访者感觉到咨询师是拒绝投射性认同而不是他本人。

第四阶段：结束。该阶段包括两个部分：第一部分是"解释"，向来访者"解释"投射性认同的机制与其生活经历的关系和影响，进一步让来访者放弃其投射性认同的方式；第二部分是"分离"，来访者与咨询师建立了深入的关系，需要处理"失去"的部分。本个案的来访者能够理解自身存在的投射性认同并意识到其对自己人际关系的影响，愿意放弃其原有的投射性认同方式，咨询达到了良好的效果。而第二部分的分离，因为还存在师生关系，所以没有进行完全的分离，彼此做了告别。

客体关系心理治疗的周期较长，一个咨询需要投入较多的时间资源，对于现行学校的心理教师配备来说，在学校推行该疗法是比较困难的。但它对学生人格的影响是深远的，咨询师可以根据来访者的情况考虑是否使用该疗法。

我为什么长不高？

为什么长得不如她漂亮？

他不怎么学习，成绩却很好，

为什么我努力了却考不好？

为什么同学们误解我？

同桌为什么口是心非？

……

——题记

爱不到心底

——心理创伤个案咨询手记

晓晨的父亲来学校的心理咨询室，跟我讲了他正在上高三的女儿晓晨的事情：晓晨初中时成绩很好，可进入高中后，成绩下降，无论在家或在校都开始变得沉默寡言、难见笑容，并且生活也很邋遢，比如不叫她洗头、洗澡，她就不去。高二暑假时，她突然说不想读书，要去打工，家人也就随她意，让她一个人出去，结果她就一个人呆在宾馆里压根没出去过（没去打工）。家长带她去医院看精神科一次，医生开了些有助于睡眠的药给她。高二暑假过后，又来上学了。家长希望作为学校专职心理老师的我，主动找晓晨聊聊。于是，我通过晓晨的班主任，巧妙地和晓晨有了联结，慢慢地晓晨也意识到，可能是一些"微不足道"的"伤害"被家长忽略了，却被自己深深地压抑在心底，才导致自己变成现在的状态。

巧妙指引，建立联系

家长走后，我马上联系了晓晨的班主任，班主任表示：该学生在班级里比较安静，和同学交流不多，成绩一般般。于是，我们借她班级班会课的时间，找了个"借口"给他们班上了一节有关学习压力缓解的课，并表示学生有什么事情可以来找我，还讲述了几个案例。在课堂当中，我也有意无意地注意了晓晨，一个很清秀、瘦瘦的女生，也让人感觉很安静、沉默。当其他同学在课堂中欢笑时，晓晨仍低着头，没什么表情……两个星期过去了，该生没有来找我。

一个月后，晓晨在周记里写道：我常做同一个梦，梦见自己的前世是一个公主，长得很漂亮，穿着很华贵的衣服，每天有很多佣人服侍着，我很骄傲、很满足……她困惑：怎么老是做这样的梦？于是，班主任建议晓晨请心理老师解梦。班主任把晓晨的邮箱给我，表示我可以通过邮箱回复她。

一天后，我给晓晨回了邮件："其实你的梦境寓意很简单，每个少女心中都潜藏着一个公主梦，就是希望能像公主那样遇到自己心目中的白马王子，所以你的这个梦说明你的潜意识有一股没有被满足的渴望，而之所以你把自己化身为公主而不是灰姑娘或是其他童话故事里的可怜人物，是因为你希望像公主那样享受贵族式的荣耀，你不希望你的生活受到外界其他因素的反对或干扰。"晓晨看到我的解释应该是蛮惊喜的："哦！原来是这样的啊！"

"那你现在呢？你的生活有受到外界的什么反对或干扰吗？"

"我也不知道，就是觉得学习有些累，不想学了。"

……

于是，我们通过邮件沟通，刚开始都比较简短，常常一两天才聊一两句话。后来，她写给我的邮件中的内容越来越多、越来越详细。她会讲到和同学之间的聊天没意思，她也会说哪些同学的行为让她不舒服、最近考试考得不如意等等。我抱着接纳的状态来回复她讲的事情，我也尽量从她讲述的一些事情中去发现一些共同点。比如，当她说同学聊的话题很无聊，她就不想说了。那是不是意味着，她和父母之间也是这样的关系——觉得父母不理解她，她也就不想理会父母了？另外，从这些邮件中，我也隐约感觉到她好像很在乎学习。当然，我也跟她表示，可以到心理咨询室和我聊聊，但她觉得这样会很不好意思的，我也不勉强她。

🎵 每次家长要求我主动找他孩子聊聊时，我总略显无奈，因为在我做的心理咨询中，往往是那些主动找你咨询的学生会比较容易向你敞开心扉。反之，在家长或老师要求下前来咨询的学生中，有不少对心理咨询还是敏感的，也许他们也想获得求助，但没有安全感、信任感，所以一直不能主动寻求帮助。通过班主任的巧妙建议，我们慢慢建立起了联系，我对她是无条件地关注、设身处地地理解，之后，晓晨慢慢信任我了…… 🎵

信任感、安全感让她敞开心扉

晓晨可能慢慢感觉到我还是能理解她内心世界的。有一次，她发来这样一封邮件："老师，你知道无助的感觉吗？有时候好绝望！"她发来时，我也刚好在线上，我向她要了QQ号码，加了她QQ（之后一段时间，我们都是在QQ上联系了）。我很关心也很耐心地听她讲述。原来是高二下学期，第三次的月考，晓晨又没考好。她刚回到家，就难受地哭起来，跟她爸说没考好。她爸刚开始还安慰晓晨说："没关系！"可当晓晨回到房间，不想看书，拿了本漫画书看时，她爸就很生气地训晓晨："考得不好，还在这里干这个！"晓晨表示，自己当时就是想放松一下的。那次，我们聊了好久。我终于慢慢明白了事情的来龙去脉。

晓晨讲述的事件都是些在家人看来的"小事"，主要有以下三件：

（1）雨中独自跑回家的忧伤记忆。

印象最深刻是小学二年级上学期的一天下午，放学时下起了大雨，晓晨没带伞，好多家长拿着伞接自己的孩子放学，她看着其他同学被父母接走时那快乐的感觉，真的很羡慕。她父母没来送伞，当她淋雨回到家，全身湿漉漉时，父母也不在意，尽管她心里也明白父母可能是比较忙，可还是让她感到很失落，感觉父母不关心她，对她无所谓。类似的事，还发生过了好几次。她心中总有许多这样独自跑回家的忧伤记忆。

解析：我相信大多数家长都是爱自己孩子的，晓晨的爸爸亲自到学校心理咨询室来找我，说明他对孩子还是很在乎，很"有所谓的"。可是晓晨却觉得家长对她"无所谓"，主要还是父母不了解孩子的心理，对孩子心理方面的引导和沟通很少。比如有个案例讲述的是一个成年女子也是心中留下很多小时候独自淋雨跑回家的悲伤记忆，时间久了就感觉得不到家人的关心，甚至怀疑自己是不是做错了什么事情，才导致父母不喜欢自己，所以她自信心弱，这种感觉一直影响到她成年……我想晓晨应该也是类似的感觉。

（2）爷爷、奶奶在她面前斥责妈妈的不是。

小学三年级下学期时，晓晨父母离婚了，她判给了爸爸，她爸爸生意忙，在家时间不多，她和爷爷、奶奶住在一起时间会多些。她感到爷爷、奶奶对她也不怎么关心，也缺少沟通和理解，并且她的爷爷、奶奶在她面前常常数落晓晨妈妈的种种不是，甚至经常说晓晨："你像你妈一样。"这让晓晨觉得很委屈，好像自己做什么都不对一样。

解析：我想晓晨的爷爷、奶奶应该不是有意要对晓晨造成心理创伤。因为晓晨爸妈离婚这家事，使两个老人家对晓晨妈妈有意见，心里也压抑，难以宣泄，通过平时无意中对晓晨的数落也缓解下自己的心情，但没意识到这样做会给晓晨带来不舒服感。另外，晓晨从小性格有些内向，也不善于和大人沟通交流，她的爷爷、奶奶就更不太在意了她的感受了。

（3）成绩是被家人认可的主要方式。

晓晨的爸爸很关注她的成绩，考得好就开心，考不好就指责。晓晨在家中总是感觉很焦虑，她总感觉自己是不是会哪里做得不够好。当她感觉成绩是她家人认同的主要方式时，她就在学习上狠下功夫。她一心一意把心思扑在学习上，在小学、初中时，她都是靠死记硬背来取得好成绩的。尽管她身边没什么朋友，但她总感觉自己成绩好，身边的同学都向她投来羡慕的目光，她已经很知足了。

上了高中了，她发现自己的死记硬背似乎派不上用场了，考试总是考不好。于是，她感觉周围的朋友对她越来越冷淡，她再也找不到以前的优越感了。她觉得读书越来越没意思，很痛苦，成绩恶性循环一样，越来越不好了。回到家里，她更是没有任何学习的激情和动力，每天都习惯性地发呆，其实她也想学好，可是现在都没在状态，感觉自己这一辈子没有前途、没有希望了。她有时就想着出去打工好了。

解析：很多家长很关注自己孩子的成绩，因为分数一目了然。晓晨爸爸也是，但他却不知道，时间一长，这导致晓晨心理有了偏激的看法：只有拿到好成绩，爸爸、爷爷、奶奶才会认同自己。这种感觉，影响到她生活的其他方面，如对友谊、对老师的感受：好成绩才会受到大家接受。所以，晓晨拼命通过成绩来保持别人对自己的看法。只是到高中，她却怎么也跟不上进度，成绩不好了，她心理的"优越感"也就失去了。所以，她高二暑假要打工，其实她也并不是真的想要打工，而是想逃避让她成绩不佳的学校。当然，很多家长应该也是想知道孩子真实感受的，只是不知道怎么做。

生活中在大人看来不经意的一些小事或行为，比如对小孩关心少、自己心情不好冲小孩发火、习惯性地挖苦讽刺下孩子、在孩子面前与他人大吵大闹等日常琐事，可能会给孩子造成心理创伤，会引起孩子的自责和羞愧，慌张不安的情绪也会叠加在一起，甚至影响到他的价值观。很多孩子很小的时候，他们的自信心、自尊心、价值观是需要父母或监护人引导和守护的。如果当时父母对晓晨多些关注，那么，晓晨心中留

下的就是一些美好的回忆了。🎵

引导其领悟不合理认知、信念

晓晨表现出想要考好的强烈的学习动机，其根源在于存在一些不合理的信念和认知模式，后来在和晓晨的 QQ 交流中，我着重帮助她找到自身的不合理信念："只有考试考好，长大才有出息""考好了，才有人看得起我"等等。我主要通过和她辩解的方式，让她接受目前学习的状态，明白自己现在所要面对的是：思考如何来改进与完善自己的学习，而不是受困于"我现在都考不好、读不好"的想法中。

🎵在晓晨的成长环境中所发生的一些事情，导致她产生了不少不合理的信念，如果晓晨沉溺于这样的信念，就会把自己引向不良状态之中。这时，她就非常需要有人把她引导出来。🎵

解铃还需系铃人

晓晨烦恼的深层原因是家人引起的。这时，我又把她爸爸叫到办公室来。我给他讲了一个故事：

一个母亲带着孩子去看心理医生，她问医生："你觉得我的孩子以后有没有出息？""没有。"医生头都没抬起来看一下，直接说道。该母亲很奇怪："你看都不看一下，就知道？""你自己都对他没信心了！"医生说。

听了这个故事，家长也若有所思：表示他心里是很爱自己的孩子的，也是一心希望孩子考得好。只是平时工作压力大，对小孩缺少耐心，习惯性地指责比较多，也可能一些言行对孩子产生了伤害。虽然他以前也感觉这样对晓晨会不会有点不好，但没意识到这么严重。我给家长建议：以后先不要管孩子成绩怎样，多带她出去走走、散散心、聊聊天，言语中多些支持、理解和鼓励，少一些责难、取笑。家长觉得很有道理，表示自己尽量去做。

高三下学期，我又应她班主任邀请，去她班级上了一节课。这时，我注意到她抬起头来听我的课了，脸上也有了笑容。

♪ 一个孩子的成长，不仅仅是孩子自己一个人的事，父母和老师的态度、行为都会无形中影响到孩子。晓晨也慢慢意识到困扰自己的是一些"微不足道"的小事，她的家人和老师也默默地关注她，积极寻找有效方法来化解她心中的创伤，让她感受到实实在在的爱。

生活中，我们每个人多多少少都会经历些挫折或磨难。在咨询中，咨询师应尽量帮助来访者学会辩证地看待生活中的挫折或磨难，最好还能把它们当成自我成长的良机。对于晓晨，我在心理默默地祝福她：相信晓晨能走出现在的困扰。在将来，她会发现是曾经的经历让她更坚强、勇敢、自信、乐观。♪

我不是害怕说话，

而是害怕跟谁说话。

熟悉的人令我心喜，心无旁骛；

陌生的人令我心忧！

走，还是不走？

——题记

不想和陌生人说话

——社交恐惧个案咨询手记

颖是个聋人，但又不全聋，两耳还有残余听力，能听到大声点的声音。也喜欢说话，但许多话语表达不清，听起来比较费力。所以，颖日常与同学交往都是手语、说话一齐上。在我的印象里，颖是个爱问问题的学生。在九年级的时候，她就问过我，她是不是有病，我问怎么了，她说参照网络上和书本上的一些说法，发觉自己有病。我问他是否去医院检查过。她说查过了，没病。我告诉她，如果检查没病而她老觉得有病，那是心理上的问题，需要到心理辅导室来进行辅导。但一年过去了，颖都没来，我想颖或许自身调节好了。但有一天，颖出现在心理辅导室，希望得到我的帮助，那时她已经是一名高中生了。

我是不是有病

颖进入心理辅导室，一坐下来就急切地问："老师，我是不是有病？"

"哦，你觉得有什么病？"我以为颖又跟上次一样，不过，还是按照咨询技术，进行了问题具体化。

"我害怕与陌生人说话！"颖直截了当地说。

"哦，你能举个例子说一说，如果与陌生人说话会怎样吗？"（具体化、开放式提问）我想知道症状进行鉴别。

"比如在车站，有陌生人来问路，我就会心慌、脸红、心跳加快、头上出汗、想逃离说话的环境等。"

"从你的表述来看，你不是有病，而是有问题，这个问题我们称为社交焦虑或社交恐惧。不过，你能来寻求心理老师的帮助，说明你的心态是好的，你有上进心。"我不失时机地对颖进行了积极关注。同时，我想澄清一下颖是不是表述清楚了，于是问："我还想知道，你焦虑和恐惧只针对陌生人吗？与熟悉的人说话时会这样吗？"

"与熟悉的人不这样。"

"好，我明白了。那我们来探讨下原因。"

"我也不知道从什么时候开始的，也不知道原因是什么，反正现在就是这样了。"

"或许你忘了，不要紧，我能提供一些方法，那让我们共同尝试去解决这个心理问题。"

"老师你有办法，真是太好了！"颖露出一脸的高兴劲。

"在这个过程中，需要你的配合，可能会有一些状况，我担心你坚持不下来。"我适时地提醒。

"这么复杂？"颖疑惑地问。

"可能复杂也可能简单，我先给你介绍这两种方法：第一是冲击疗法，冲击疗法是让你持续一段时间暴露在现实的或想象的唤起焦虑的刺激情境中，而不采取任何缓解焦虑的行为，焦虑自行降低。"

"这么神奇？不用做什么，我的社交焦虑就会好？"颖将信将疑。

"这是心理咨询书籍，上面有冲击疗法的介绍，你可以了解一下。"为了增加可信度，我把冲击疗法的章节翻给颖看。

颖看了看，虽然是聋人，但她的语言理解能力不错。看过后，点了一下头说："看来，这个方法可以试试。那另一个方法呢？"看得出颖想对比一下。

"另一个方法是系统脱敏法，又称交互抑制法，是由美国学者沃尔帕创立和发展的。这种方法主要是诱导求治者缓慢地暴露出导致神经症焦虑、恐惧的情境，并通过心理的放松状态来对抗这种焦虑情绪，从而达到消除焦虑或恐惧的目的……"我自然地向她做了介绍。"对你来说，系统脱敏法咨询次数相对要多一些，冲击疗法相对要少一些，但两种方法都是有效的，你自己选择。"我按照咨询原则——共同协商原则，把咨询疗法告诉颖，让颖自行决定。

"那我选择冲击疗法，我希望能快点解决我的心理问题。"

"行，我尊重你的选择。"我看到颖做了选择，也表达了我的诚意，"下星期，我会找一个陌生人来，你直接面对她谈话。希望你能坚持住，不要心里想逃跑，就真的逃跑了。能不能做到？"我用激将法激颖，希望她不让我失望。

"能做到！"颖自信地回答。

"好，口说无凭，先签订一个协议，表示你愿意接受冲击疗法帮助你改变社交焦虑或社交恐惧现状。"说着，我就把书中协议的样本给颖看，在颖看书上样本协议的时候，我把与颖的协议写在了白纸上：

1. 老师已经反复讲解了冲击疗法的原理、过程及效果，我愿意接受冲击疗法。

2. 治疗过程中我将受到强烈的精神冲击，经历不快甚至是超乎寻常的痛苦体验。为了确保治疗的顺利完成，必要时老师可强制执行治疗计划。

3. 老师应本着严肃认真的态度对治疗的全过程负责，对我求治的最终目的负责。

4. 如我在治疗的任何阶段执意要求停止治疗，治疗应立即中止。

"好，我签！"看好样本和我书写的文本，颖大方地签上了大名。在我告诉颖下次咨询时间后，颖满意地离开了咨询室。

§颖的心理问题比较明确，就是与陌生人的交流恐惧或焦虑，具体是焦虑还是恐惧，因为都用同样的辅导技术，所以没有加以区分。至于产生焦虑的原因，由于颖忘了，本次咨询并没有深入挖掘。当然，挖掘原因与使用冲击疗法没有关联，所以本次咨询也就不再提及。等冲击疗法结束后，再努力挖掘产生焦虑的原因，或许对矫正产生恐惧的不良认知有好处。§

还好，只是开始有一点紧张

第二次心理咨询是在学校的录播室进行的。选择这个地点，是因为冲击疗法过程可以全程录像，我可以在后台观看到整个过程，以便调控辅导。

我请来与颖面对面交流的陌生人是另一个学校的心理辅导老师。交流的内容自己决定，没有限制但有一个要求，就是不要冷场。请来的老师提出，她不会手语怎么办？我告诉她，不用手语，颖戴有助听器，有点残余听力，大声点，颖能听到。只是颖在口语表达时，会有点不清晰，老师听起来会有点吃力，这需要老师不厌其烦，多问几句，对于颖听不懂的话，老师可以带本子，写下来让颖看。

当约定的时间到来后，两人正式见面交流，我看到两人的表现都很好。颖的精神面貌也不错，看得出，她很想改变自己不能与陌生人说话的问题。

首先说话的是我请来的心理老师，她很有咨询师的范儿，问学生："你能向我介绍下你自己吗？"于是，在该老师的引导下，她不仅做了完整的自我介绍还介绍了自己的兴趣爱好、学习成绩等，只是在表达时口齿有点不清。该老师要求她可以把语速降下来，并建议她在没听明白的时候，写下来，效果不错，在视频上看不出学生的紧张状态。前后一共交谈了四十多分钟，达到了辅导要求，我就去中止了她们的交流，然后让学生谈谈感受。

"你今天与陌生人谈话有什么感受？"虽然有录像，但看不到颖的内心感受，所以我有此一问。

"开始有一点紧张，差不多 5 分钟后就好了。"颖思索着说道。

"5 分钟？你适应很快嘛！"我马上对颖进行了积极关注。

"刚开始我还出了一点汗，后来就好了。"

"是吗？我在后台没看到！"可能是录像不清晰，我确实没看到颖流汗，开始我还以为颖不紧张，现在听她这么一说，我能感受到颖刚开始时的紧张心情。

"你上次和我说，你害怕与陌生人说话，今天你能大胆地与陌生人说话，说明你一定能从害怕中走出来，我对你有信心。你对自己有信心吗？"我又对颖进行了激励。

"有！"颖笑嘻嘻地回答。

"上一次你和我说，陌生人里，男性比女性更让你害怕，所以下一次我要让男陌生人与你说话，你愿意接受挑战吗？"

"只要能治好我的心理问题，我愿意。"

"很好，今天就到这里。不过，回去你还得完成一个作业，就是要把今天在辅导过程中的感受写下来，这样才能去判断是否有效果。"

"行！"说完，颖就和我请来的老师一起出去了。我看她们两个还谈得来，甚是欣慰。

ꕥ 本次心理辅导采用了冲突疗法，即让颖直接面对她所害怕的陌生人，经一段时间交流，焦虑或恐惧情绪自然消退。在我的设想中，颖一开始会大汗淋漓，没想到颖只是出了一点汗，和我的想象差距甚大，可能是颖的社交恐惧程度还不是很深，正好适合我们在校的心理老师咨询，再严重点，达到神经症程度，就需要转介了。下一阶段安排她与焦虑等级更高一点的男性进行对话，降低她的社交焦虑情绪。ꕥ

开始谈话就不紧张了

第三次心理咨询依然在学校的录播室进行。这次我请的男性陌生人有两个特点：帅、善谈。增加帅的因素，就想增加青春期女生颖的紧张程度，如果连这个因素都能克服，则疗治效果就更好。

过程与上次一样，也是四十分钟。我听他们主要聊今后的人生规划，平时喜欢什么等，关系很融洽的样子，聊的过程中还有笑声传来。这样的谈话氛围非常好，我为能请来这样的聊天师傅而高兴。聊天结束后我与颖进行了深入的交谈。

"今天你与陌生男人谈话的感受是什么？"

"好像比上一次好多了，今天只是一见面感觉到有点紧张，开始谈话就不紧张了。"

"流汗了吗？"我比较关注流汗，因为这是紧张的外在指标。

"今天没怎么注意，好像没流。"颖想了想说。

"恭喜你，你通过自己的努力，克服了与陌生人交流的焦虑恐惧情绪。回去后，你仍然要把今天的过程感受写下来。还有我要布置另外一个作业，就是你平时要主动地与陌生人交流，如你去商场买东西，会遇到陌生人，你与他交流，回家把交流后的感受写下来，你会越来越不紧张。"

"真的会越来越不紧张？那我试试！"颖诚恳地说。

"要相信自己，你有这个能力。"我不遗余力地对颖进行鼓励后，结束了今天的辅导。

本次冲击疗法的治疗达到了预期的目标，颖自己也感觉到不大紧张了。而且最后还布置了实践性的作业，相信颖会去认真完成。不过，在我心中，还有一个疑问始终没有解开，就是颖为什么会产生社交恐惧问题？如果把这个问题搞清了，这个个案的咨询也就完美了！

原来如此

第四次咨询在学校心理咨询室进行。今天的重点是探讨社交恐惧产生的原因。

"你第一次来心理辅导室时，我问过你，为什么会产生社交焦虑或恐惧，你说不知道。"

"我确实忘记了，现在也还没想起来。"颖如实回答。

"我有个推测，你看会不会是这个原因？"

"你讲。"

"你的听力比其他聋人要好一点，口语说得也还可以，尽管有时说得不是很清晰，但仔细听也是能分辨清楚的。由于受某些因素的影响，你不喜欢打手语，而是希望自己像个正常人一样，与别人进行口头交流，是这样的吗？"

"好像是这么一回事，我喜欢和正常人说话，我希望我说话他们能听懂。"

"可能有一次或者几次你与别人交流，由于别人没听清你说的话，结果交流不畅。"

"以前的经历中，好像有过交流不畅的情况。因为没让他们听清楚，结果事没办成，影响了心情。"

"多次影响心情，可能会转化为恐惧或焦虑。"

"也许是这样来的。"

"所以，今后你参与社交的时候，如果别人听不清楚你说的话，你觉得可以用些什么方法？"

"书写，只是要带纸笔有些麻烦。"

"我看外面经常要交际的聋人身上都有一本小本子，与健听人交流的时候，他们会拿出小本子写给健听人看，这不失为一个好方法。现在手机普及了，许多聋人更是在手机上书写，你也可学学，这样你就不用因为担心别人听不清你讲的话而焦虑了。"

"好的，我试试。"

"对你来说，说话不能要求像健听人一样清晰，如果这样，要求就过高了，高了而达不到就会产生焦虑。你以前产生社交焦虑，很可能是对自己的讲话要求太高了，你没有接受自己是聋人的现实。"

"你的分析有道理，我确实不怎么喜欢自己是聋人。"颖诚实地说。

"要想不再产生社交焦虑，必须接受聋人这个现实。"我提出了要求。

"懂了！"颖似乎接受了我的要求。

"所以，你的社交焦虑恐惧问题最终是因为不能接受自己是聋人这个现实而产生的。接下去，你觉得自己要如何去做比较适当？"

"接受聋人这个现实角色，不对自己的语言提过高的要求。"

"这就对了。今天的咨询就结束了，你觉得今天的咨询有什么收获？"

"我明白了自己产生社交焦虑和恐惧的真正原因了，也知道该如何去做了，谢谢老师！"

经过推测，颖产生社交焦虑和社交恐惧的原因基本找到了，这对防止颖心理问题的反复是有好处的。让颖意识到接受聋人这个现实，不要对自己的讲话要求太高，相信颖产生社交焦虑和恐惧的概率会大大减少。

颖的社交焦虑或恐惧正好发生于青春期，有一部分人会认为这是少女的"羞涩"引起的，脸红、心跳是正常反应，不能当作心理问题来对待。我认为这样的看法有偏颇，是不是心理问题，关键看学生的情绪反应是不是过度，如果不舒适程度达到想要逃离的程度，应作为心理问题加以处置。本案例根据症状程度，定性为社交焦虑或恐惧是正确的。对学生的治疗咨询手段也是适当的，因为达到了预期的效果。

当然，之所以能达到咨询预期，这与在运用冲击疗法治疗时，本案例做到了以下注意事项是分不开的：

1. 选择安静的训练场所，避免了干扰，我校的四楼录播室具备了这一要求。

2. 第二次训练是根据对学生第一次训练的评定结果做出的。本案例第一次训练准备的刺激物是一个陌生女人，第二次才用了更强的刺激物——陌生男性。两次冲击训练，有一个先弱后强的安排，效果是好的。

3.陌生人在与学生谈话过程中，持中立的态度，有利于关系的建立。

4.陌生人在与学生谈话过程中，宽容学生的弱点和缺陷，对学生真诚地理解、尊重和认同，还指导学生，在与别人谈话时说不明白的可以适当采取别的手段，如手写等都收到好的效果。

5.注重远期疗效，重视作业的布置。针对社交焦虑与恐惧在平时就可以训练，把其中的感受写下来的作业是重视远期疗效的表现。

知识链接

冲击疗法

冲击疗法又称满灌疗法，是行为主义心理疗法中的一种。它的基本原理在于消退性抑制。所谓消退性抑制是指尽可能迅猛地引起求助者极强烈的焦虑或恐惧反应，并且对这种强烈而痛苦的情绪不给予任何的强化，任其自然，最后迫使导致强烈情绪反应的内部动因逐渐减弱乃至消失，情绪反应自行减轻乃至消除。

冲击疗法分为两种：现实冲击疗法，让患者到现实的情景中体验到强烈的恐惧情绪；想象冲击疗法，由治疗者口头指示，让患者想象可怕的情景，体验其恐惧情绪。

冲击疗法方法简单、疗程短、收效快，但它忽视了患者的心理承受能力，患者痛苦大，实施难，因此对于体质虚弱，有高血压、心脏病等疾病，或者心理承受能力低的人，应该慎用。

他的突然出现，

我并没有在意，

他的黯然离去，

却牵动了我的心弦。

我以为是他搅动了我的心绪，

不想，那搅动心绪的却是自己！

——题记

东想西想的，我这是怎么了

——运用认知行为疗法纠正不良认知

云高三了，和我女儿是同班同学。在一次交流中，得知我是心理辅导老师，于是就让女儿告诉我，请我给她做心理辅导。我运用所学的心理辅导理论及技巧，对她进行了较长时间的辅导。效果还不错，云发短信告诉我，现在好多了，不会东想西想了，情绪差不多也恢复正常了，剩下的一点小问题她会自己克服，谢谢我对她的帮助。云的短信让我非常的欣慰，因为这是我碰到的所有心理辅导个案中最复杂的一个，能让她发生转变，让她做回活泼开朗的自己，我是有付出的——为了这个个案，我几乎把国家二级心理咨询师的培训书籍翻了个遍。我为云的成长高兴，更为自己的成长高兴！

她怎么处处针对我

云和我女儿相约上学，我开车送她们去。女儿进校门后，第一次辅导就在车上开始了。

云似乎有准备，开口就滔滔不绝地向我讲述了她的事情："男生李喜欢我，并向我表白。第一次有男生向我表白，我很慌乱，但心里窃喜。考虑到要高考，谈恋爱会影响学习，所以我拒绝了李。"

"你处理问题很理智。"听了云的话，我按照心理咨询理论要求及时对云进行了积极关注。

云笑了一下，又一本正经地叙述："后来发现，我同班有一个女生姜喜欢那男生李，这个女生比我优秀，学习成绩比我好，人际交往能力比我强，她和男生交往总是有说有笑的，非常自如，而我却做不到。最让我苦恼的是，我小时候与人交往非常开心，非常自然，性格非常开朗，现在却开心不起来了。在与人说话前，都要仔细思考一下该说什么，这样说好不好等，感觉和人说话真累。最近，我不敢讲话，生怕讲错话，同学取笑我。特别是女生姜，她肯定会取笑我的。我感觉姜处处针对我，我认真做作业，她也认真做作业，我不做作业和别人说话，她也不做作业和人说话，她这是想把我比下去。现在我上课都专心不起来了，老是东想西想，还要注意姜，时刻提防她。"

"难道云有被害妄想？"听着云的自述，我心里担心，"如果是幻觉、妄想，那问题可就严重了，这可是精神病性问题，不属于咨询范畴，也是我力所不逮的啊！"

我急忙向云求证："你确定女生姜每次都针对你吗？注意，是每次而不是一次。"

云呆了一下说："可能是每次。"

从云回答时的表情我明白了，云这是敏感多疑，而不是幻觉、妄想之类。因为幻觉妄想的根本特点是"坚信不疑"，云在回答问题时呆了一下，又说是"可能"，说明云对所说的问题并不是坚信不疑，不符合幻觉、妄想的要件，只是敏感多疑罢了。明白云的问题没那么严重后，我舒了一口气，辅导方案马上在脑中形成：只要让云明白，她的心理问题根本上是由她自己的敏感多疑造成的，而不是别人处处针对她，那么，云的心理问题也就解决了一半，剩下的一半就是解决自身问题。

于是我继续提问："既然你说可能是每次，这说明你并不能确定，也有可能她没有针对你，而你认为她针对你，这样的情形会出现吗？"

沉默了一会儿，云说："是有可能出现的，但我总觉得她处处针对我。"

"你承认有可能出现，但又认为她处处针对你，说明你的承认是勉强的，那我们就用事实说话。如果事实证明她并没有针对你，那就说明是你自己想错了，你又为什么会想错呢？是因为你自己的性格敏感多疑。"

"哦，那用什么事实说话？"

于是我向她布置了作业："请你在认为女生姜针对你的时候进行真实性检验。如当你认为姜在观察你时，就突然抬头看看姜是不是真的在观察你。"我还告诉云："真实性检验非常重要，这将是决定你能否发现并解决自己心理问题的关键。有时，还要直接找姜，面对面解决问题。"

云表示她会去检验，检验结果也会告诉我。云谢过我之后，就下车回校了。

☙云觉得女生姜处处针对她，害得她上课都要分心去观察她，防备她。这样的问题与行为不仅影响她的学习，还影响她的心理健康。造成云心理问题的正是她敏感多疑的性格，而云似乎并不知道。为此，让她真正明白造成心理问题的罪魁祸首是自己的敏感多疑，那么，云的心理问题也就容易解决了。我让她进行真实性检验，是帮助她明白的重要举措。相信在云完成这一份作业后，对云自身存在的非理性信念和错误认知进行矫正，会对云的心理问题产生正面影响。❧

校外泛化的情绪后面，是校内问题的延续

第二个星期，我意外接到云家长的来电，说请我为云做心理辅导。我们本来就计划这个星期辅导的，现在打电话来是不是有什么新的问题？云妈妈说亲戚们一起吃饭，女儿不敢与亲戚们说话，不敢抬头看他们。

于是我们就将约定提前了。

周日上午，云如期而来。我先问她真实性验证结果如何，她说："我不敢看她，怕她看到我在观察她，怕她看穿我，看出我对她的偏见！"

我问她："你不看她，怎么证明你的敏感多疑？"

云："可能是自己敏感多疑了，因为偷偷观察过几次，尽管只是抬头瞥了一眼，发现姜并没在观察我。"

我发现云的用词是"可能"，感觉云对自己的敏感多疑持不确定态度，因此问她："你没找她直接面对面交流吗？"

云："没有。"

我："你对自己敏感多疑的看法不是很坚定，还要继续验证。"

"好的。"说完，云接着向我述说了亲戚聚会的事情……

我问云："你不敢抬头，不敢说话到底在害怕什么？"

"不知道！"云想了想说。

"会不会是你怕说错话，怕亲戚们看不起你？"我猜测式地询问。

云点了点头："应该是这个原因，另外好像我还怕他们看穿我。"

"你不抬头看亲戚，怕他们看穿你，我很能理解！每个人都有弱点，青春期的女孩特别在乎自己在别人心目中的形象，你怕亲戚看到你不好的一面而影响你在亲戚心目中的好形象，所以你有所担心，就干脆不看他们，或把自己封闭起来。我能理解，我年轻的时候也有过这样的情况。"为了让我们的咨询关系更好，我运用咨询中的"共情"理论，设身处地地理解了云的问题，"不过，你有没有想过，你以前是开朗活泼的，进入青春期也有几年了，为什么以前在亲戚面前不曾这样，而现在会这样？"

云思考了一会儿，告诉我说想不出原因。

我告诉她，是因为她在学校的情绪问题泛化了。于是，我把什么是泛化解释给云听："所谓泛化是指最初引起你痛苦情绪的刺激，扩大到与最初刺激相类似、相关联的刺激。你觉得女生姜在观察你针对你，让你情绪不快；而相类似的，亲戚在聚会时自然也会有人看你、观察你，你在情绪不佳时，自然就把亲戚的观察与姜的观察联系在了一起，于是，情绪问题也就泛化了。要解决亲戚聚会时产生的心理问题，还是要回到学校，从本源上解决，那校外的问题自然迎刃而解。"我开出了药方，鼓励云积极去面对女生姜的问题。布置的作业与上次类似，真真切切地去验证：并不是姜在针对自己，而是自己敏感多疑。我还告诉云，验证结果必须是确定的结果，而不是可能的结果。

另一方面，我针对云的情绪问题布置了一个作业：想一想生活中让你心理不愉快的主要事件，以及在面对这个事情的当时是怎么想的。为了让这个作业做得有意义，我与她交流了情绪的ABC理论，并与她交流了"老太太下雨高兴不起来，天晴也高兴不起来"的案例。她说这个案例学校的心理老师讲过，她懂的。我们相约下周同一时间同一地点咨询后，云就回家了。

云在亲友面前不敢抬头，不敢谈话交流很容易让人认为是青春期女生矜持害羞，但云明显不是，因为矜持害羞很少会痛苦，而云现在感受到了痛苦，想着逃避聚会场合，说明云产生了社交焦虑或社交恐惧。云说以前很开朗活泼的，现在怎么变成这样了？语言语气里透露出了云对变化的不解和对现状的不接受。其背后的原因除了云想塑造一个完美的青春期自我形象外，还有就是校内心理问题的泛化。对于泛化的诊断是基于心理问题产生的先后做出的，校内在前，校外在后，校外问题是校内问题的泛化。只要校内问题解决了，校外问题自然也就解决了。因此，需要指导云对校内心理问题即敏感多疑进行验证，真切感受到自己的敏感多疑才是导致自己心理问题的根本原因，教会云可以用心理暗示来纠正自己的错误认知。

敞开心扉，结果发现心理问题是因为他引起的

第三次心理咨询的开场让我有些意外。原本是想先了解云完成作业

情况的，没想到，我们一落座，云就开始述说她思考后的问题："老师，我发现我的心理问题源自那个男生李。"

"哦，你是怎么发现的？"

云微笑着说："我与女生姜谈过了，她根本没有针对我，她有自己喜欢的男生，而不是男生李。"

我："这么说来，你以前认为女生姜处处针对你是不成立的，而是你敏感多疑的结果。"

云："是的，确实是自己的敏感多疑，让自己以为姜在处处针对我。"

"你能有这样的认识，我很高兴。我更高兴的是，你有勇气与姜面对面交流，这很了不起。"我及时进行了积极关注，"不过，你的心理问题怎么与男生李有关系呢？"

云："是啊！开始以为与李没关系，排除了女生姜后，我上课仍会想东想西，我为自己不能静下心来听课而难过。想东想西可能是因为男生李的缘故。"

我："哦，男生李过去向你表白过，你也拒绝了，难道后面还有事发生？"

"是的，我前几次没和你讲。当时是拒绝了，但他没放弃，还在QQ里与我联系，我就在QQ上答应他了，和他说试着交往。"

我："哦，明白了，你发现女生姜与男生李有说有笑的，相处很好，于是产生了争宠的心理，你的敏感多疑让你误认为女生姜处处在针对你。"

云："就是这样的！现在一切了然，所以，我觉得是因为男生李我才想东想西的。"

"哦，你能具体说说你是怎么想东想西的吗？"按照咨询理论，我采取了具体化技术。

"高考七选三后，我与男生李有一门课在同一个班级上课，上课的时候，我会坐得很端正，很认真地听老师上课。然后，我会想，李看到我坐得这么端正，这么认真听讲会不会认为我做作？他肯定不喜欢做作的人，但我也没做作呀，这可怎么办？就这样想来想去，多影响学习呀，于是我告诉自己上课不能这样胡思乱想，但就是做不到，越告诉自己不要想，越会想，为此我很苦恼！"

听了云的叙述，我想先判断云在男生面前是不是真的做作，于是问她："你上其他课也坐得很端正吗？"

"都很端正的。"云不假思索地回答了我的问题。

"这说明你的行为是一贯的，在其他人面前也是如此，你并没有在男生李面前做作。既然如何，你为什么还会担心男生李会认为你做作呢？"

"我也不知道，上课的时候自然就这样想。我知道这样想东想西很影响学习，但就是控制不住！"云无奈地和我说，"我怎么变成了这样的人？"

"你越不想想，却越会想，心理学上称之为强迫观念，也叫强迫思维。由于你的强迫思维算起来时间不长，大致在三个月以内，你感受的痛苦程度算是轻度，对你学习生活的影响也不算大，因为你到该上课的时候还是会去上的。总的说起来，你的强迫思维我把它定性为神经性心理问题。你是不是因为不能制止自己的胡思乱想而苦恼？"

"我就是在为这样的事情而苦恼，你说我该怎么办？"云一脸的疑问。

"解决你的强迫思维需要在你的学校生活中找到你的矛盾冲突之所在，并进行认知调整。"我按照解决神经症问题的办法提出了解决方案。

"难道我还有什么矛盾冲突我自己还没有发现？"云不解地问。

"有，我问你，在对待与男生李的关系上你有没有过内心冲突？"

云沉默了一会儿："好像有过。开始时，李向我表白，我心里其实是喜欢的，想接受他的表白，但怕影响高考，还是拒绝了，这算不算内心冲突？"

"算，你既想接受，又不敢接受，这就是矛盾冲突，心理学上称之为趋避冲突。它对你心理问题的产生是有影响的。"我感觉云对矛盾冲突不是很理解，于是进一步提示她，"想想看，你在面对男生李的时候还有过什么矛盾冲突？"

云又沉默了一会儿："我想让李看到我好的一面，但又怕李看到我好的一面而误解我是做作的，所以我因要不要在李面前表现得好一点而陷入矛盾之中。"

"你说得太对了！"我立马对云的回答做了积极的回应，"第一个矛盾，你其实已经解决了，因为你已经答应人家了；第二个矛盾你还没有解决，正是这个矛盾，让你进一步陷入心理问题之中，因此，化解掉这个矛盾，成了解决你心理问题的关键钥匙。"

云："是吗？这么重要？我该如何解决？"

我："你可以面对面与男生李沟通。我问你，假如你的行为是做作的，李还会喜欢你吗？"

"肯定不喜欢。"云不假思索地回答。

我："他明确告诉你，他不喜欢做作的人？"

云："那没有，是我想象的。"

"有个成语叫'爱屋及乌'，李喜欢你的某一点，他可能也会喜欢你的全部，而你没有问过他的情况下，就武断做出他肯定不喜欢做作的结论很可能是站不住脚的。说不定他也喜欢呢，所以要进行正面沟通。"为了让云认识更透彻，我继续分析，"沟通后会有两种情况，第一种情况是，你无论做作与否，他都喜欢。这样的情况下，你还担心什么呢？于是心理问题迎刃而解。第二种情况是，他不喜欢做作的人。你明明没有做作，但李认为你做作了，就这点眼力，值得你喜欢？所以你回去以后的作业就是与男生李约谈。"

"太谢谢了！我回去试试。"云好像突然获得了法宝一样，高兴地离开了。

🔖 按照许又新教授在《神经症》一书中提出的神经症临床评定方法，云的得分为3，可评定为神经症性心理问题。当然，云提出的上课听不进去，学习效率下降，属于中度而不是轻度社会功能损害，总得分是4分，应诊断为可疑神经症。但考虑到问题产生到来咨询，时间不足三个月，评定时间太短不可靠，因此，我暂以神经症性心理问题定性。如果时间长了，云的心理问题仍没有解决，那要诚恳地向云提出，她的问题不属于我的咨询范畴，要转介给有资质的心理医生进行咨询了。

下一阶段，在解决了云的现实矛盾冲突后，应该解决云的错误认知以及不良思维习惯，以促进其心理健康成长。

搅动心绪的却是自己

第四次咨询与第三次咨询间隔较长。当云解释后，我才明白云为什么上一周没来。原因是几次都约不上男生李。要么家长要来接赶快回家，要么家长不让他出门等等，约了两次都没约上。

我："这一次来我这里，说明你已经约上他了？"

云："约上了，但是，约谈时间短，只谈了几分钟。"

我："有收获吗？"

云："有的，由于时间短，我只能捡紧要的与他说。我问他，你过去说过喜欢傻傻的我，可我现在不傻了，你还喜欢吗？他说喜欢啊！我又故意问他，我有时有些做作，你也喜欢吗？他说喜欢呀！……没说几句话，我就跑开了，跑时还听后面的男生李说'这就完了？'"

我："看得出你与男生李见面你很紧张，也看得出男生李蛮喜欢你的。"

云："是很紧张，校园里人多，生怕别人看出来，所以得到答案后赶紧跑了。"

我："那么，你得到了答案，结论是什么？"

云："我发现自己真的想多了，男生李根本不在乎我做作不做作，而我还担心自己会被他误认为做作而影响形象。所以，上周与男生李同上一节课，我就没有东想西想了，现在的情绪好多了，好像恢复到了正常状态。"

"你的转变让我非常欣慰，我要恭喜你。接下来，我要与你探讨一个深层次的问题。"说到这里，我有意停顿了一下。

"是什么问题？"云认真地发问。

我："同样是青春期出现的问题，为什么你会产生心理问题，而别人不会？"

"不知道！"云沉默了一会儿有些羞愧地说。

"你不知道也是正常的。"我安慰云，"我来问你，上一次你说你坐得很端正，你会觉得男生李会认为你很做作，那你是怎么知道男生李认为你做作的？"

云犹豫了一下，说："是我想当然了。"

"你在没有证据的情况下就下结论，从思维上来说，是不是存在问题？"我提醒云。

云："应该是有问题，瞎想呗！"

"确实是瞎想，不过，美国心理学家阿伦·贝克把这种瞎想叫作主观推断。这是一种不良的思维倾向，没有支持性的或相关的根据就做出结论，包括在大部分情境中都想到最糟糕的情况和结果。你上课坐得端正，就习惯性地想男生李可能会觉得你在做作，这种主观推断，而且是往坏的方向推断，造成的结果你已感受到了，只能是情绪越来越差。现在回过头去想，你会发现，你的心理问题是谁造成的？"

云："表面上是男生引起的，实质是自己的不良思维——主观推断造成的。这毛病我以前还不曾意识到，是你今天点醒了我。老师我该怎么改？"

"可以用暗示法。当你开始东想西想的时候，你就暗示自己，我又开始主观推断了，这是不良思维倾向，必须即刻停止！"我建议她。

云："这样暗示自己会有用吗？"

我："不试试怎么知道？另外，另一种方法你也可以试试，就是疼痛消退法。"

"疼痛消退？"云一脸疑惑。

我："就是在手臂上套上粗牛皮筋，在你开始东想西想时，弹拉牛皮筋，用疼痛驱散不良思维。"

云："我怕痛，还是用暗示法吧！"

我："在用暗示法的同时，你还要做一件事，就是正确性检验。"

云："是不是与女生姜、男生李一样面对面交流检验？"

我："差不多。在适当的时候，对暗示内容的正确性检验，可以强化暗示的正确性，真正达到暗示的效果。"

云："好的，我会的，谢谢你对我的辅导。"

在我说了一些勉励的话后，我们的咨询活动结束，云也高兴地离开了。

云的强迫思维的解决得益于我帮云找到了现实中的矛盾冲突，得益于云自己能勇敢地约见男生李，从而化解了云的矛盾冲突。问题解决可能会有反复，这要求云能积极去面对。

云的心理问题其实是中学生性心理萌动而引发的问题，具有普遍性，只是表现的形式与别人不同。云高三了，生理成熟后性心理也有所发展，她也有爱与被爱的需求，然而这种需求却被所处的高考环境压抑着，经常使她处于谈与不能谈的矛盾之中。性格的敏感多疑，使她对女生姜产生了误会；不良的思维倾向，使她对男生李产生了误解。随着咨询的深入，在层层剥开包裹着复杂原因的外衣后，发现拨动云心绪的不是她和他，而自己的内心。通过认知行为疗法及查找变形冲突后面的常形冲突，有力地改变了云的不良认知和她的神经症性心理问题，最终让云重新见到了灿烂的阳光。

反思整个咨询的过程后我发现，最成功的做法不是单纯地改变自动思维，而是从改变核心信念入手，彻底放弃一些不合理的认知。本案例辅导成功，验证了以下两点：

（1）认知行为治疗需要在行动中识别不合理认知，在行动中替代不合理认知，在行动中改变核心信念，所以行动很重要。

（2）咨询师要布置家庭作业，家庭作业要求每天做。不合理的认知是经年累月形成的，要改变它们也需要不断地实践、实践、再实践。所以认知行为治疗不是单纯的改变认知，而是在行动中体会和修正认知。许多人只重视认知，不重视行动，结果变成了"思想的巨人，行动的矮子"，变成了一个认知理论家，却无法解决自己的问题。

对于孩子来说，

父母离婚的创伤仅次于死亡。

家是成长的地方，

长不大的孩子，都是因为缺爱。

没有了家，何来健康的成长？

——题记

不愿长大的男孩

——离异家庭亲子关系的重建与联结

寒假的某一天，李瑞的爸爸打电话给我，说需要我的帮助。于是，我们约定在一个茶座见面。李父说话客气，个子瘦瘦小小的，脸上写满担忧，一见到我就滔滔不绝地说起来。

他说儿子近两年情绪不好，总是焦虑烦躁，注意力不集中，经常头疼。三个月前，他带李瑞去市三甲医院神经内科做了脑部 CT 和全身检查，未发现任何异常，医生建议转到心理科。

他递给我李瑞的病例本，SCL-90 测试结果，抑郁、焦虑、偏执分数均超过 10 分，医生诊断为抑郁焦虑症、偏执状态、社交恐怖症，医嘱服用药物博思清、来士普、盐酸苯海素。

李瑞吃了一个月的药，焦虑情绪得到缓解。但是父亲担心药物有副作用，让他把药停了，希望通过心理咨询的方式进行心理调节。

他问我："这些药能吃吗？我总担心有副作用，这些药吃多了，肯定不好。"

我说："我没有医学背景，对于这些药物了解不多。我想，医生的诊断和处方有他的依据，事实证明药物对情绪调节起到一定作用。至于你担心的副作用，我也不太了解。不过，任何药物都有副作用。"

聊到这里，父亲脸上流露出深深的愧疚之情："我的孩子为什么会这样子？这跟我和他母亲离婚有关系吗？"

此时，我才意识到，母亲没有来。

接着，李父讲述了他们家庭的情况。在李瑞八九岁时，父母因为生活习惯、性格等问题离婚。李瑞初中之前跟母亲住，初中之后跟父亲住。母亲一直没有再婚，父亲在其初中时再婚，并生育一个女儿。现在李瑞与父亲、继母、小妹妹一起住，家庭和睦。

聊了将近两个小时，我对李瑞的情况有了初步的了解，我与李瑞父亲约定三天后在咨询室见。

❧20岁的大男孩，会因为情绪烦躁不愿洗脸刷牙，会因为室友的一句话而暴跳如雷，会为了电子竞技放弃学业。从父亲的描述中，李瑞给我的感觉是一个难以管理自我情绪的大男孩。我提醒自己抛开这些固有的印象，以全然接纳的心去了解和期待他的到来。❧

倾听你的一切

三天后，李瑞和父亲如约而至，李瑞穿着黑色外套，戴着毛线帽子，高高瘦瘦的，咖啡色的皮肤显得特别帅气，一副没有睡醒的样子，跟我想象的有些不同。来到心理咨询室，李瑞就躺到沙发上，显得很随意，打量着周围。李父为我们做了简单的介绍，然后离开上班去了。

李瑞父亲一走，气氛有些安静，他有点尴尬。

我微笑着说："有什么可以帮你的吗？"

李瑞说："我也不知道，最近总是很烦躁。"

我问："大学生活怎么样？"

他苦笑道："不怎么样，上课听不懂，想睡觉，期末考挂科严重，这学期一共六门课，挂科四门。"

我有些吃惊，大学考试及格率高，怎么挂科如此严重？我点点头，让他继续说。（倾听）

他说："老师很吃惊吧？下学期开学得重考，没通过就得重修，我不想读了。"我意识到，他不仅仅有情绪管理方面的困扰，还有学习问题。

他继续说："我喜欢打网络游戏，上高中开始就通过打游戏赚钱。今年作为上海交通大学职业游戏团成员，我们获得全国冠军，得到不少奖金。现在存款也有好几万了。"他微微一笑，脸上流露出自豪的神情。

我说："听起来很不错。因为打游戏耽误了学习吗？"（澄清）

他皱起了眉头，说："不是的，我的专业是计算机物联网，当时以为跟电脑有关的，没想到根本就不是，上课听不懂更没有兴趣了。对了，我没有参加高考，是提前招生入学，我跟同学有 100 分的差距。"

现在我全明白了，计算机物联网专业理论性强，因为他基础薄弱，缺乏学习动力，丧失学习兴趣，打游戏花去了大部分时间，挂科那么多也就不奇怪了。

李瑞低下头，深深叹一口气："唉，学习和人际都不好，我的个性也不太好，跟大家相处不来。"

我问他："是吗，一直都这样吗？"（面质）

接着，他跟我讲述了他的成长史。

说起妈妈，他就皱着眉头，一脸嫌弃："我小学和妈妈一起住，妈妈很唠叨，小时候常常不理我，心情不好时甚至会拿我出气。妈妈非常小气，从来没有给我买过玩具……"类似这样的小细节，李瑞说了许多。

"有一次，妈妈当着我的面在电话里跟爸爸吵架，说爸爸不给抚养费，让我去爸爸那里，不要来这里。这件事情让我觉得自己在这个世界上是多余的。"

李瑞初中在寄宿式学校学习，刚入学时由于自己个性问题对同学说话总是不客气，久而久之，同学们都不喜欢他。有几个"混混学生"开始针对他，欺负他，排挤他，他也经常跟同学打架，是老师眼中的麻烦的学生。后来他意识到自己的问题，于是努力改善人际关系，经常买零食"讨好"同学。

由于李瑞一直都那么调皮，所以初中的班主任也经常跟他有"过节"，在他看来是班主任经常"找茬"，所以对班主任有各种不满。他认为，老师之所以能够肆无忌惮地针对他，是因为他来自离异家庭，爸妈不管。

他说："因为在学校里过得非常不开心，我很期待每一个周末，电脑是我最好的朋友，玩游戏的时候就能忘记全部的烦恼，通过打游戏可以宣泄情绪，真的很开心。在学校里，连个倾诉的朋友也没有。"

李瑞的初中、高中都是在游戏中度过，人际关系寡淡。上大学以后，觉得挺没意思，跟室友关系也不好，经常发生不愉快。

⚘时间过得很快，整个过程中他非常放松地靠在沙发上，好像在向我讲故事，讲他的成长过程，提到妈妈时情感十分矛盾，说到人际关系时表现出失落。从他的描述中，仿佛他所经历的一切不如意的事情都是别人的错，妈妈不喜欢他，妈妈对他不好，老师针对他，同学看不起他……他总是在外部归因，埋怨得很多。他像一个大人，更像一个孩子，好像没有长大的孩子。⚘

直面内在情绪

第二次见面，他依然穿着黑色外套，天气有点冷，显得有些单薄，还是一幅没睡饱的样子，软绵绵的。我见他没有精神，就让他做了20分钟的元运动，他却十分敷衍，时间一到，我们就结束了元运动。

我询问他这一个星期来的情况。

他说："我觉得好多了，我能试着调整自己的情绪，生气的时候让自己冷静下来。心里明白该怎么做，但是特别困难，想做却做不到。比如刷牙洗脸，刚打完游戏觉得很累，不想干，只想躺在床上。"

他继续说："以前参加学校的课外活动，我有些规则不懂，其实可以去学，但是我不想学，没有动力，懒散惯了，实际上就是在逃避集体活动。我从初中开始被欺负，被打击惯了，同学讨厌我这个人，我对于自己的能力感到自卑，我似乎在抵触外面的一切，好像心里想着，'你做不到的，没有用的'，生活不积极，不快乐。"情绪失落、焦虑，深感自卑，是他目前感受到的最强烈的问题。

于是，我采用关于"情绪"的意象对话对他进行辅导。

我引导他做深呼吸，放松身体，渐渐进入放松状态后，我引导他想象："请你从头到脚地扫描你的身体，消极情绪在你身体的什么地方？是什么样子的？"他安静地躺在放松椅上，像被这张椅子拥抱着，眼皮快速跳动着。

李瑞："我的消极情绪在脑子里，它像黑色的毛线球。是松散开的，飘在空中，晃动。"

我："你能靠近它吗？"

李瑞："不能，它看似柔软，但只要我一靠近它就会变出刺来。"

我："请你看着它，用你那颗柔软的心看着它……现在是什么感受？"

李瑞："感觉没那么凶了。"

我："继续用你那颗柔软的心看着它。它有一双眼睛，你看到了吗？"

李瑞："看到了。"

我："看着它的眼睛，它好像有话对你说，它对你说什么？"

李瑞："走开，你这个废物。"

我："你听到它这么说，你心里有什么感受？"

李瑞："我觉得很难过，很失落。"

我："你把你的感受告诉它。它听了你的感受，有什么反应？"

李瑞："它跟我说对不起。"

我："现在，你看着它，它有什么变化吗？"

李瑞："它变软了，软软的，变大了。"

我："你可以摸摸它吗？"

李瑞："可以了。"

我："看着它的眼睛，它有什么话对你说？"

李瑞："它说，这个人怎么那么奇怪啊？"

我："你可以对毛线球说说你自己。"

李瑞："嗯，你这个笨蛋，你什么都不懂。"

我："毛线球对你说，我是你生命的一部分。"

李瑞："是的，它是我生命的一部分。"

我："现在，你要对毛线球说：'你是我生命的一部分，无论怎样，我都会无条件地爱你接纳你，因为你是我生命的一部分。'"

李瑞："你是我生命的一部分，无论怎样，我都会无条件地爱你接纳你，因为你是我生命的一部分。"

我："现在毛线球有什么变化吗？"

李瑞："它的眼神变柔软了，它的刺不见了，变成了一个真正的毛线球，不蓬松不长刺。"

我："你们可以相互拥抱。"

李瑞："嗯。"

我："你的周边有一个泉水，温暖的泉水，它可以滋润毛线球。（停顿）现在，毛线球是什么样子的？"

李瑞："它还是一个毛线球，吸收温暖的水变得更大了，抱着更舒服了，很暖和，我终于可以抱着毛线球睡觉了，真舒服。"

我："你可以把它织成别的东西吗？也可以改变颜色。"

李瑞："我可以把它织成正方形的枕头，灰色加黑色，灰色是我喜欢的颜色。"

我："抱着这个方枕头，你有什么想说？"

李瑞："改变一下多好。不要总是那么多刺，别人跟你相处起来也舒服。"

他能说出这句话，我感到高兴，在意象中他意识到自己与他人相处的问题，意识到自己需要改变，开始考虑他人的感受。

我："你可以抱着这个枕头，当你感到很舒服的时候睁开眼睛。"

他撒娇着说现在感觉非常舒服，要求就这样睡 20 分钟。20 分钟以后，我把他叫醒，他眼睛注视着天花板，略有所思。过了一会儿，他坐起来，双眼看着窗外，说："我多么希望我是一个小孩，是五六岁时候的小孩，那时候他们没有离婚，家还在。"

听到他说出这句话，我心里一阵酸楚。表面上看起来满不在乎的大男孩，心里依然渴望着有爸爸妈妈的家，尽管妈妈很"讨厌"，爸爸总是很忙。

接着，我们做了"问道卡"，以理性的方式，进行更深入的思考。

他抽到了 7 张卡，内容和回应是这样的：

1. 下一步是什么？

答：去完成那些我不喜欢的、抗拒的事情。

① 白天不玩游戏，晚上玩。

② 睡前坚持刷牙洗脸。

③ 不去想负面的事情，保持乐观。

④ 游戏打到 6000 分。

⑤ 去妈妈那里住几天。

⑥ 六点钟吃完饭，下楼转两圈。

2. 你是如何创造这个结果的？

答：坚决完成，保持自律。

3. 你是否能够制订长期目标，并坚持下去？

答：能，坚持。

4. 你想成为什么样的人？

答：我要成为正直、善良、富有领导力、聪明、勇敢的人。

5. 你如何知道你已达成目标？

答：交给亲近的人判断，我父母、我哥、老师。

6. 这是一个承诺吗？（对他人？对自己？）

答：是一个承诺。

7. 你怎么知道你做好准备了？

答：我以前懒散，习惯性逃避。现在不会了。

最后整合成一句话："我要努力做好自己，勤奋进取，直面困难和问题所在，想办法解决，多用脑子。"

结束完问道卡，他说："我内心其实挺讨厌自己的，不懂与人相处，脾气不好，说话从来不考虑别人的感受。我埋怨得太多了，最终消极的情绪还是在自己身上，没有任何改变。今天最深的感受是改变自己的感觉真好。我觉得我需要改变。首先不能再埋怨了，无论是以前的事，还是妈妈。寒假我想约高中同学一起玩，不能整天待在家里睡觉、打游戏。回来一个多星期了，也没有去妈妈那里，我应该去陪陪她，她发短信说想我过去，说给我做好吃的。"

最后，他跟我握手，说要好好合作。

对于这一次辅导效果，我非常满意。他能够意识到自己的问题，并且计划着要做改变。对于他的行动力如何，我不敢确定，但是能够静下心来思考自己的问题，已经是巨大的进步。

过了两天，我联系了李瑞的父亲，父亲说他改变挺明显，约了朋友出去吃饭了，玩得挺开心的。每天晚上也能陪爸爸去小区散步半个小时，晚上睡得早，游戏打得少了。但是，依然没有跟妈妈联系，好像不太想去妈妈那里。我们最终商量，下次就母子关系进行咨询。

爱是最好的治疗

这一次，李瑞带着妈妈一起来了。妈妈打扮朴素，满脸笑容，十分谦虚。李瑞则一如既往，一来就躺到沙发上，妈妈显得有点不好意思，似乎在说"我的儿子太不像话了"。她跟儿子念念叨叨："你不能这样，在老师这里，怎么可以像孩子一样，这么不像话呢？你快点起来，这样不好。"可是李瑞就是不起来，他非常享受在我这里无拘无束。他若是规规矩矩地坐在这里，我反而还不习惯了，于是就随了他，并让他妈妈给他盖被子。

妈妈说："以前工作很忙，我有工作，他爸爸也有工作，我们都只管自己，很少管孩子。爸爸以前为了不带孩子，宁愿骗我说下乡了也不回家，离婚后我舍不得孩子，就在身边带着。李瑞小时候很聪明，也没有发现他有什么问题。现在孩子长大了，我们也有时间了，更加关注他的心理问题。我的孩子缺失了很多。可是，我和他爸爸对他的爱，一点也没有变少，只是不完整罢了。"

说着说着，李瑞妈妈哭了。我给她递了纸巾。

接着李瑞就开始滔滔不绝地埋怨妈妈的不是了，说妈妈小时候常常留他一个人在家里，答应给他买的东西又不给，不给零花钱，不关心，都是一些琐碎的事情。

妈妈在一边说着她的理由："赚钱很辛苦的，不能乱花钱，学校不让带手机，所以答应给你买手机又不买了，花五块钱买一些小玩具没用……"

他们这样互相"埋怨"了很久，期间李瑞一直握着妈妈的手。我也跟妈妈说了李瑞的一些问题。接着，我让他们抄了一首诗——《本愿》。

本　愿

一朵为你盛开的玫瑰，
痴心地等待你真情的一瞥。
你那深心的一瞥，
我的心啊饱含泪水，
化作满天繁星的璀璨。

我让母子一起诵读五遍，后来妈妈一个人念，念得很动听，李瑞也渐渐安静下来。接着，我让他们双眼对视，一开始李瑞不断拒绝，可是妈妈做得很好，一直注视着儿子。看着看着，妈妈泛着泪光，两个人又开始聊天。

李瑞："李浩哥哥快要结婚了，张丽丽快要生孩子了，李小天是教会我打游戏的人。"似乎，说自己也已经长大了。

李瑞深情地看着妈妈，眼眶湿润了："妈妈，我想起小时候和您一起去游乐场的事了，我觉得那天我很开心、很幸福。"

妈妈听了很高兴："妈妈最爱你了，我带你去过动物园，还抱着小老虎拍照。也带你去了上海、杭州游玩。"

李瑞点点头，想起了许多和妈妈的事。

我感到欣慰，问他："你现在认为妈妈很抠门吗？"（封闭式询问）

他笑了，笑得有些不好意思地说："我总抓住那些不满意的事，幸福的事都不记得。"后来，他慢慢回忆和妈妈的点点滴滴，一些值得纪念、值得感恩的事。

最后，我又送给他们一首诗——《相即》，在母子的拥抱中结束心理咨询。

相　即

开满玫瑰花的眼睛，

是你的眼睛，

是我的眼睛，

是我们相映的深心。

咨询结束之后，李瑞去妈妈家里住了两天，非常愉快。三天后，李瑞爸爸主动联系我，给我发了三条短信。

2月2日："老师你好，李瑞这两天在他妈妈那里相处不错，状态很好。现在在车里很开心。"

2月3日："老师，近来效果还是很不错的，在家也比较安心，也有跟他妈妈出去走走了，还有也出去跟同学互动了，状态较之前有很大改观。"

2月4日："之前对挂科一点也无所谓，现在能为此纠结，看来也是一种改变。昨天跟我说起初中同学很厉害，挺佩服他们，看来是有一定转变了。"

♪解铃还须系铃人，李瑞对妈妈的厌恶随着回忆起来的幸福而渐渐消失。童年的孩子，对消极体验特别深刻，总是记住妈妈没有满足他们的需求。而跟妈妈在一起的幸福时刻不知不觉地被遗忘了。妈妈全程十分有耐心，倾听儿子的一切"控诉"，帮助儿子回忆过去。爱是最好的治疗。♪

未来的自己

经过了几次心理辅导，李瑞成长了。成长后的李瑞，已经开始思考自己的未来。

李瑞："我这个星期都在思考我将来要怎么办：是做专职游戏人，还是找一份朝九晚五的工作？我不喜欢被拘束。"

我感到高兴，笑着说："你成长了，想着事业了。"

李瑞说："打游戏可以为我积累财富，为以后创业做准备。电竞的职业寿命并不长，一般 30 岁左右就被淘汰了，除非能够成为团队老板。"

我说："还有其他的事业线吗？"

李瑞说："我爸说只要我拿到大学毕业文凭，他就能够为我在小镇上安排一份稳定的工作，每个月几千块的工资吧。可是，这并不是我想要的生活，无聊、乏味。"他对这样的安排非常排斥。

我说："那我们来看看你渴望的未来模样吧。"

于是我让他进行冥想，想象十年后的自己。

我引导他进行身体放松，然后让他想象十年后的某一天。"早晨，你在睡梦中醒来，睁开眼睛看到天花板，天花板是什么样子的？接着你起床来到浴室，开始刷牙洗脸，看看镜子里的自己有什么变化。接着你来到餐厅吃早餐，和你一起用餐的人有谁？吃完早餐，你准备去上班，回头看一下你的房子和周围，这是怎样的居住环境？你搭乘什么交通工具上班？现在，你来到上班的地方，看一看你工作的环境。你碰到了你的同事，大家都是怎么称呼你的？你每天的工作内容是什么？一天的时间很快结束了，你现在躺在床上，你感到开心吗？幸福吗？"

他冥想中的未来是这样的：早上醒来，天花板是黑白色的，起床来到浴室看到自己，容貌上没有很大的变化，只是多了一些胡渣。来到餐厅吃早餐，只有我一个人。我的房子是两层楼，外面有围栏，种着草地，是一个独栋的小别墅。接着我坐着公交车去上班。上班的地方是一栋独立的大厦，大家叫我"老李"，我的工作是做咖啡，我是咖啡店的老板，下午三点钟下班，回到家打打游戏，玩玩电脑。

从冥想中醒来，李瑞感到兴奋："哈哈，我居然是咖啡店老板。其实，我心里真正想要的是一份轻松自由的工作。工作悠闲，没有人管我，时间自由支配。我确实想开一家咖啡店，我在福州看到咖啡店都会喜欢进去坐坐。"

接着我们一起讨论关于创业开咖啡店的事，包括众筹、独立投资、合伙人……

李瑞："咖啡店真不是我想的那么简单，精力、金钱、能力一样都不能缺。"

看得出来他把创业想象得太简单，经过这一番讨论，他实际了不少。

李瑞经过一番思考，说："无论选择做电竞选手，还是找工作，文凭是很重要的，就算以后不打游戏了，还是要靠文凭和技能去找工作。游戏是我的爱好，但把爱好做成职业的时候也许我就不喜欢游戏了。所以我打算去参加补考，趁寒假的时间把考试的内容进行全面复习，把学分拿回来，只要我复习了，考试基本上没有问题。"

最终，李瑞正视自己的学业问题，对生涯的规划也更加清晰了。通过看见未来，反观现在的自己，无论他做出怎么的选择，相信他都能为自己负责。寒假结束返校，我问他考试怎么样，他说补考四门，三门通过了，还有一门要重修。对于这个结果，他心里还是满意的。最近他跟室友的关系也不错，学会考虑对方的感受，懂得从对方的角度看问题。看到他的变化，我非常高兴。

经过多次辅导，李瑞回忆过去，梳理感情和思绪，消除多年来对父母的误会，寻回父母的爱，从"小男孩"变成了小青年，勇敢面对自己的消极状态，主动规划未来，愿意为未来做出努力。人际关系困扰是青春期的重要问题之一，李瑞能够在咨询过程中反思自己的问题，并得以改进，值得肯定。

这是我第一次尝试进行亲子共同咨询，原本有些忐忑，如今看来效果还不错。父母离异，使李瑞缺乏完整的爱，成为一个不断渴望爱的大男孩。每一个孩子都是妈妈的宝贝，妈妈总是给孩子最好的。在孩子长大的过程中，妈妈也有自己的无奈，不得不离婚，不得不上班，不得不节省开支。当妈妈没有满足孩子的全部要求，孩子的理解就是"妈妈不爱我"。在咨询过程中，让李瑞明确感受到自己是被妈妈爱着的，他的心就会暖起来。

咨询中我还有很多的不足，但我相信，随着自己咨询实践和经验的增加，我会快速成长。

漆黑的夜，可怕的怪物，

我要被抓住啦！

妈妈快救我！

明亮的日，闪亮的爱心，

请把面具还给我！

咦，面具后面原来是和我一样的小孩！

——题记

戴着面具的怪物
——人格面具理论在与父母联结缺乏案例中的应用

在见到小囡之前，我就已经从别人口中得知她家的一些情况：父母
与其兄弟共同经营一家族店铺，收入颇高。母亲40岁高龄意外怀孕，原
打算不再生育，但当时已经15岁的姐姐想要有个伴，才决定在香港生下
小囡。父亲在家族里排行最小，于是，小囡成了整个家族里最小的孩子。
大家见小囡可爱，经常与她开玩笑，说她是因为姐姐喜欢她才从香港抱
养回来的。小囡信以为真，对姐姐特别依恋，什么事情都让着姐姐，生
怕遭到姐姐的抛弃。同时，在父母面前受了委屈，就忍气吞声，声称现
在还小，不能跟父母顶嘴，万一他们不高兴，把她赶出家门，自己还没
有能力独立，生活就会成问题，并立誓要在18岁成年后去香港找自己的
亲生父母。

从小到大，父母生意忙碌，无暇顾及小囡，经常带小囡到店铺里玩。
常年耳濡目染下，小囡也渐渐学会了察言观色，不仅能言善辩，还自有

一套"生意经"——无论什么都可以交换。上了小学后，小囡经常把这样的"生意经"用于同伴交往，要求同学给她想要的东西才跟同学一起玩，不然就不跟她玩。为此，班主任经常向家长告状，说小囡带坏班风，要求家长加以管教。于是，父母常责备小囡不懂事，要她向姐姐学习，乖一点。这样，小囡更加认为自己是抱养的。

第一次咨询：识别

临近初一开学，小囡在家每天都说做噩梦、失眠，父母担心影响学习，经人介绍找到我。初见小囡，觉得她虽谈不上漂亮，但灵动中带有几分羞涩，很是可爱。谈话开始不久，小囡就变得热情起来："听我妈妈说，你有个女儿，她现在在哪？能跟我一起玩吗？"在得到我的应许后，她竟开心地鼓起掌来。

"但是，我也听你妈妈说，最近你有件事情挺困扰的，能先和我说一说吗？"我好奇地问小囡。

小囡马上垂下眼眉："最近经常做噩梦、失眠。你看你看，我的黑眼圈都有了，还这么大！"说着，把头凑近我，动作有些夸张地向我描述。

这时，妈妈急切地插嘴："不要说东说西了，赶紧跟老师讲讲你都做了什么梦。"

小囡瞟了一眼妈妈，说："不是都跟你说了嘛，总是梦见被一个怪物追着跑啊……哎呀，不说了，一想起来就可怕。"

妈妈有点无奈地看着我。

我心里想着，要是妈妈在场，小女孩肯定不乐意多说，于是就征求她的意见："听你这么一说，这个怪物肯定很可怕，要是我看到了估计也会跟你一样害怕。要不我们俩一起到房间里，你试着把他画出来，让我也见识见识，可以吗？"

一开始连连点头的小囡在听到我说要去房间里把怪物画出来时明显愣了一下，赶忙摇头。但最终，在我的邀请与鼓励下，终于愿意试试看。

于是，小囡开始一边说她的噩梦，一边试着画出来：

这个怪物有一双很黑很大的眼睛，圆圆的，几乎是没有眼白。牙齿很尖很锋利，除了两个门牙是白的，其余都是黑色，一直张着大嘴，想要随时把我抓住吃掉。头发也是尖尖的，全部向上立起来，每个尖角上都有一颗黑色的心，它的心也是黑的。并且头发还很坚硬，有时候它会低下头，用头发做武器攻击我。它身上披着一件全部都是黑色的斗篷，这件斗篷很大很大，四周也都是尖的，不仅掩盖了它全部的身体，它的手也隐藏在里边。斗篷里还藏着一个很大的袋子，挂在手上。这些，在一般情况下是看不到的，只有它在抓小孩的时候，才会迅速把手伸出来，一抓住小孩就把他塞到袋子里，用斗篷盖住。有一次，我梦见一家人坐火车卧铺去旅游，到了半夜，爸爸妈妈都睡着了，这个怪物假扮成列车员走过来，捂住我的嘴巴把我装在这个袋子里抱走了。后来我一直喊"妈妈、妈妈"，妈妈都没有听见，也没有过来找我，因为他们根本就不知道我被抱走了。

说到这里，小囡不自觉地抖了一下，我握住她的手，告诉她要是我每天做梦被这个怪物追着跑，还被抓了，肯定也会像她一样，不敢睡觉。

"听你这么说，我觉得你这个暑假过得太不容易了！"我能理解她的心情。她看看我，像是找到了知音。"是的，还有更恐怖的呢！"于是，她接着说："它的头上还带着一个面具，也是又大又圆的黑眼睛，又尖又长的黑牙齿。看起来比它的脸还要狰狞恐怖。一把像雨伞一样的帽子撑在它的头顶上，帽子上还有三个跟头上一样的面具，呈三角排列，它们的黑暗能量都聚集到中心的一点。下面还有一个太阳与中心点连接，但是黑暗的力量太强大了，所以太阳被压迫在最下面，变得很小。"

听到这，我揪着的心才稍稍有些缓和：终于有能量了，尽管现在还比较弱。

画好以后，我请小囡试着看看这个怪物的眼睛。（观想）

小囡紧紧闭起眼睛，不住地摆手："老师，我不敢。"

我轻轻拉住她的手，鼓励她："没关系，那我们先不看，你看看其他

部位也可以，有什么想要说的吗？"（开放式询问）

小囡撇了撇嘴，尽管还是有点不愿意，但还是开口了："老师，你知道它的牙齿为什么是黑的吗？"我摇摇头，期待她继续讲。

"因为它的牙齿除了门牙，其他都烂掉了，黑乎乎的，跟我一样。我现在也都是烂牙，不过这不能怪我。妈妈在生我的时候牙齿就不好了，好的牙齿都在生姐姐的时候一起给了姐姐。"

我不禁有些惊讶："我有点被你说糊涂了，你能说得更具体些？"（具体化）

小囡垂下眼帘，语气中带着忧伤："妈妈说了，她 40 岁才生我，在她生姐姐的时候，把最好的全都给了姐姐，包括牙齿、身高等等，剩下的都不是很好的。那时候她原本不想生我，是姐姐想要我，她才生下我。我现在烂牙齿、长不高都是这个原因。妈妈不会骗我的。"

这时，我才恍然大悟，原来这个怪物就是小囡的一个面具，她觉得妈妈爱姐姐胜过自己，什么好的都给了姐姐，而自己就是被遗弃的、多余的那个，就算有人抱走她，妈妈也不会有任何反应。从人格面具理论上讲，这就是"弃婴面具"。

在这次咨询中，原本我想让小囡闭上眼睛，放松自己，去观想这个怪物，但是遭到拒绝，说一闭上眼就很害怕，不敢也不能闭眼。于是我采取较为缓和的绘画形式，让她将怪物画出来。整个绘画过程，小囡一直在不停地说各种不同的梦境，我发现几乎所有的梦都跟"被遗弃"有关。实际上，在小囡描述怪物的表现时，就是在描述"弃婴面具"的表现，这其实已经是在释放"弃婴面具"的能量。尽管她一直说恐怖害怕之类的字眼，我能感觉得出来，她的这种感受正在慢慢地减弱，而她也正慢慢地抽离出"弃婴面具"。在咨询的最后，我问小囡，你觉得以你现在的能力，有什么办法可以对付这个怪物吗？她想了想，告诉我，她可以想办法摘掉怪物的面具，或许面具被摘掉后就不可怕了。

是的，如果你再做噩梦，就请你勇敢地去战斗，去摘掉面具！

第二次咨询：释放

第二次来的时候，小囡的妈妈告诉我，上次回去后小囡连续两天都没有做噩梦，睡得很安稳，后来又做了三次噩梦，但比起之前的紧张焦虑情绪，稍微有所缓和。小囡见到我也很开心，这次，她很放心地把自己交给了我。在我引导小囡做完放松训练后，开始进行观想感受练习。

"请你仔细看着这个怪物，让它重新回到你的脑海里……请你仔细观察，看它长什么模样，并把它想象得更形象更具体。它的眼睛、嘴巴、头发、斗篷、帽子，请你把怪物想象得更形象、更具体。接着，请你用心去感受，你觉得它的眼神是怎么样的？"（观想）

"可怕的、愤怒的，好像还有别的，但是说不出来是什么。"她微微皱起了眉头。

"好，你可以告诉它：我知道你现在有些愤怒，还有些可怕。（小囡重复）现在你可以问问它，它此刻的心情怎么样。"

"它觉得很得意、很霸气，它在笑。"她的身体突然有点僵硬，手也握紧了。

"好，你想跟它说什么？"我的心和她一起揪了起来，还是继续鼓励她。

她的手握得更紧："真讨厌，快走开！"

我轻轻把自己的手覆在她手上，感觉她的手很冰凉："此刻，你觉得它现在在想什么？想跟你说什么？"

她没有抗拒我，似乎稍稍有点放松下来："我不知道，可能它在嘲笑我……"

接着，我引导小囡想象自己走近怪物，并且进入怪物的"身体"去感受它的身体、心情和想法。一开始进入有困难，我让她转到怪物的侧面，还是不行，最后到了背后，顺利进入：怪物颓靡地站着，感觉身体很疲惫，很没力气，心口好像被什么东西压着，很压抑、很想哭。（感受）

我尽可能地让自己的声音变得轻缓温柔："你是谁？来干什么？"

"我是被遗弃在路边，被暗黑势力养大的人，想来抓小孩。"

"为什么要抓小孩？"

"抓小孩来一起玩，但是因为我长得丑，小孩们都怕我，都不乐意跟我玩，我只好去抓更多的小孩。"语气中透着深深的无奈和忧伤。

"那你现在有什么样的心情？"

"很气愤，很矛盾。"她有点犹豫，"还很想哭。"

我让小囡从怪物的身体里出来，她说出不来，怪物抓着她。于是，我让她用自己的方式出来。她出来了。

小囡自认为是弃婴，她一直压抑着、排斥着、逃避着。现在，这个"弃婴面具"以噩梦的形式爆发出来。在梦境中，小囡一直很害怕怪物，每次都充当逃跑者的角色，她不想被抓走，不想变成弃婴。同时，她想要伙伴，但是由"弃婴面具"演化出的"被动攻击面具"使得她不能很好地收获同伴友情，就像梦中的怪物也曾被遗弃，也想要伙伴。通过感受，她知道了，自己确实很压抑，虽然表面上热情善言。从怪物的身体里出来后，小囡觉得需要重新审视一下自己。

我问小囡："想不想知道怪物最想抓的小孩是谁？"

她说："应该就是我吧。"

我说："不一定。"于是，我让她再次感受怪物。进入之后，我问："你最想抓的人是谁？"

"一个女人。"

我心头一惊："是小囡吗？"

"不是，我最想抓的是一个大人。"

"是不是小囡的妈妈？"幸好不是小囡，不过也在情理之中。

她使劲地点头。我让小囡出来，她出来后，看起来很疲惫地坐在椅子上。

我问她："怪物最想抓的不是小孩，也不是你，而是你妈妈，你是怎么想的？"

小囡说："我也想要有妈妈。"说完便开始使劲地啜泣起来，好像要把这么多年来所受的委屈都哭出来。

小囡是个很有悟性的女孩，她似乎已经知道这些梦境是怎么回事了。

等小囡情绪平静下来，我问小囡："现在你还觉得这个怪物可怕吗？"

小囡说："不像原来那么可怕了。"

我给她布置了家庭作业：每天都进行观想和感受的练习，试着与怪物对话。

⚘ 在这次咨询中，通过观想和感受让小囡充分释放了"弃婴面具"的能量。同时，我发现观想和感受竟然如此不同。观想的时候，我们总是站在自己的立场上，根据面具的外表去推测它的内心，容易主观臆断。但如果没有观想就很难有感受，一旦进入面具去感受，也就是进入情境，身临其境，去感同身受时，就会更容易发现"真相"。怪物实际上就是小囡的"弃婴面具"，她需要这个面具，同时又害怕这个面具，于是就把它妖魔化成了怪物。自从六年级毕业考失利之后，父母经常要求她暑假在家多看书，从暑假开始就要好好努力，因为升入初中功课会更难。小囡深深地感受到一种无形的压力包围着自己，生怕到了初中，功课应付不了，父母就更加不喜欢自己。于是，怪物就出现了，并且越临近开学，怪物出现的频率越高。⚘

第三次咨询：接纳

这次来的时候，我发现小囡变得不像前两次那么热情主动，而是显得有些安静。妈妈在一旁有些担心地告诉我，她这个星期都没有说有关做噩梦的事情，在家好像有点闷闷不乐的样子，跟平时的滔滔不绝完全不一样。我安慰妈妈：没关系，小囡可能遇到一点让她感到困扰的事情，在思考一些问题。小囡对我笑了笑，说："老师，我们还是到里边房间吧。"

到了里屋，小囡主动向我提出要求："老师，我想摘掉怪物的面具，看看面具背后藏着什么。"

于是，我让她再次观想，请她面对面站在怪物对面。

"现在，你看着怪物，想跟它说什么？请你直接跟它说。"

"你能把面具摘掉吗？"她的声音有点轻。

"它怎么回答你？"

"它有点不愿意，说不行。"

"那你可以试着对它说说你想说的话。"我继续引导她。

"我现在知道你可怕的只是外表，其实你内心很孤独，我在想，有可能你戴着这个面具，就是为了掩饰你内心的孤独。"她讲得很慢却很坚定，眼睫毛上似乎有点湿润。

"现在，它听到你的话，有什么回应？"

"它没说话，沉默着。"她微微一皱眉，似乎也比较纳闷。

"你可以继续跟它说你想说的话。"

"我看到你的面具很害怕，如果你能摘掉的话，或许，我们可以一起玩。"

"现在，它有什么回应？"

"还是没有说话。"她的眉头锁得更紧了。

"你也可以请它说说它现在有什么想法。"我感觉它好像有点想要逃避，不敢直接有所回应，那么就换一种方式让它主动讲出来。

过了好一会儿，她眼角的泪水终于轻轻滑下："它说它也很害怕，怕摘掉面具后，就不能去抓小孩一起玩了。"

接着，我引导小囡，对它笑着，慢慢走近它，并跟它说："谢谢你，如果没有你，我就不会像现在这么勇敢。"

"它说它帽子上有个太阳，太阳的能量现在还不够强大，所以它摘不掉面具。"

小囡终于说到它身上唯一有能量的地方，我顿时安心下来，感觉到丝丝欣喜："你可以问问它，有什么办法能让太阳的能量强大起来。"

"这个能量，要奈亚公主牺牲自己才能强大起来。"此时的她语气也变得轻快起来。

"可以具体说一说吗？"（具体化）

"它说，它是暗黑大帝的弟弟，除了暗黑大帝，就属它的黑暗力量最强大。奈亚公主是人类的守护神，只有她牺牲自己，掏出自己美好的心，才能让世界重新恢复光明，但是大家都不想她牺牲，一直保护着她。后来，奈亚公主为了全人类，偷偷地溜出来，跟暗黑大帝的弟弟做了交易，牺牲了自己，拯救了全人类。"说着说着，小囡的嘴角慢慢开始上扬，听得出来，她很喜欢也很欣赏这位奈亚公主。

"你可以睁开眼睛，试着把这个场景演一演吗？"

这是小囡看过的一个电视剧（注：奈亚公主、暗黑大帝是电视剧《萌学园》中的角色，暗黑大帝的弟弟是小囡自己幻想出来的角色），于是，她很有兴致地表演了起来，还要我扮演这个怪物——暗黑大帝的弟弟来配合她。当她表演到最后，她双手捂着心窝的位置，深情地说："现在，我要把我这颗美好的心奉献出来，希望得到这颗心的人类变得很勇敢，很有力量，每个人都能去做自己想做的事！从这一刻起，世界已经光明了！"（角色表演）

这时，我看到小囡的眼睛再一次湿润了。

"现在，你再问问怪物看，面具能摘掉了吗？"

"可以了！摘掉了！"

"你看到面具背后是什么了吗？"

"哈！原来是个跟我一样的小孩！"犹如第一次见到小囡一样，她表情有些夸张地瞪大了眼，捂着嘴哈哈大笑起来。

如果说前两次的识别和释放是初步的接纳，那么在这次咨询中，我采用"自我对话"等技术，并利用小囡熟悉的电视剧，让她直接将其表演出来，进一步接纳被压抑的面具，化敌为友。人格面具理论认为，人人都有"弃婴面具"，这是人所共有的本性，如果不接纳，就会干扰正常的生活，所以，不接纳是不行的。小囡之前就是压抑着不接纳，现在让她积极地去接纳，有了这样一条与父母情感联结的动力，就能建立她的社会性。

🖐 在这次咨询过程中，小囡以表演的方式，对怪物进行了接纳，实际上是对自己的"弃婴面具"的积极接纳，最后这个"弃婴面具"变成跟她一样的小孩，完成了与面具的整合。在咨询的最后，我与小囡谈了"弃婴面具"的积极意义，她有点豁然开朗的样子，跟我说了很多平时她与父母之间的相处情况。其实，她内心深处也是知道父母对她的爱的，只是可能父母在表达爱的方式上让她感觉自己是个弃婴。我还跟小囡聊了与父母、同伴之间如何更好地相处，在接纳"弃婴面具"的同时，试图淡化由"弃婴面具"演化而来的"讨好者面具""被动攻击面具"。在咨询的最后，征得她的同意，我把她的画给她的父母看，他们看了以后非常震惊，开始反思自己之前对小囡做噩梦这件事的态度。

第四次咨询：安置

这次，由于已经开学，小囡没有来，她的父母来了。一坐下就说："老师，最近我们问小囡还有没有做那样的噩梦，她说，都没有了。并且，看她情绪状态也都挺好的，只是我们想不通，她怎么会梦见这么怪异的怪物？"于是，我跟他们讲了怪物的由来。他们听了之后更加震惊，仔细回想了过往的一些生活点滴，小囡似乎确实有觉得自己是抱养的，要讨好他们的痕迹。此时，小囡的父母才意识到问题的严重性，意识到过往教育方式的一些不妥当之处。所以，我请他们通过角色扮演演示了过去的教育方式，让他们自己观察与体会，如果自己是小囡，内心的感受会如何，并尝试做出一些调整。他们表示以后要多一些尊重、理解和支持。

可惜的是，这次，小囡没有来，但是我相信，如果她感受到父母的改变，她的"弃婴面具"就会弱化很多。在这次面具的能量得到释放之后，就不会泛滥成灾、不分场合地冒出来。就算再出来，聪颖如她，小囡应该已经知道如何应对她自己内心时时蹦出的"弃婴面具"了。有可能她还不能随心所欲地去控制它、使用它，但是面具已经得到承认，得到接纳，已经有它自己的安身之所，"讨好者面具""被动攻击面具"也会相应减弱。

孩子与父母的关系是我们生命中最重要的关系之一，就像印度合一大学创始人巴关曾说：去调整与你父母的关系是所有事情中最重要的，因为你所有生命中的关系都是你跟你父母关系的模型。父母的爱对孩子来说，无比的重要，更是孩子内心最深最深的伤痛与渴望。没有不爱孩子的父母，也没有不爱父母的孩子。只是有时候，这份爱却因为各种缘由失去了深深的联结，造成孩子在健康、情感甚至灵性成长上遇到不同层次的挫折。正如案例中的来访者，与父母缺乏爱的联结，"弃婴面具"能量日益增强，被压抑后，影响正常的学习生活。所以，我们要做的就是面对面具，接纳面具，安放面具，让爱发生，让爱回归，让爱联结。只有调整好与父母的关系，才能解开困人的心结，才能重新找回属于自己生命能量的灵性之旅。

而我，此刻记录下这个个案，目的很简单，希望有更多的家长不要因为一些外部因素（二胎、工作、外出打工等）而与孩子失去爱的联结。请给孩子爱的滋养，爱的力量，相信有爱的相伴，孩子定能健康成长！最后，引用考夫曼的一段话，与所有父母共勉：

"那是一个温暖的夏日。我发现葡萄藤上悬着一个虫茧，于是就将它摘了下来。虫茧的外表是一种精致的绿色，它是透明的，因此我可以看到里面，我看到蝴蝶的橙色的翅膀。啊，那是个帝王蝶！我想把我的双手罩上去，想要给它提供温暖使它快快出来。但不久我就明白了，这是没有用的。我只有等待，等待它用自己的力量破茧而出。"

知识链接

人格面具理论

人格面具理论是荣格的精神分析理论之一。瑞士心理学大师荣格提出了伟大的人格面具理论，他认为：一个人公开展示的一面，其目的在于给人一个好的印象，以得到社会的承认，保证能够与人，甚至不喜欢的人和睦相处，实现个人的目的。这里所谓的"一面"，即是一个"面具"，而人在不同的环境中往往会戴上不同的"面具"。

人格面具的形成是普遍必要的，对现代人的生活来说更是重要的，其产生与教育背景有着非常密切的关系。它保证了我们能够与人，甚至是与那些我们并不喜欢的人和睦相处，为各种社会交际提供了多重可能性。人格面具是社会生活和公共生活的基础，人格面具的产生不仅仅是为了认识社会，更是为了寻求社会认同。也就是说，人格面具是以公众道德为标准的，以集体生活价值为基础的表面人格，具有符号性和趋同性。在荣格眼中，人格面具在人格中的作用既可能是有利的，也可能是有害的。如果一个人过分地热衷和沉湎于自己扮演的角色，如果他把自己仅仅认同于自己扮演的角色，人格的其他方面就会受到排斥。受人格面具支配的人会逐渐与自己的天性相疏远而生活在一种紧张的状态中。因为在他过分发达的人格面具和极不发达的人格其他部分之间，存在着尖锐的对立和冲突。

CHAPTER FOUR

第四章

自我重建

- 自我接纳后的芬芳
- 靠近童心，疗愈说不出的伤痛
- 身体里的臭榴莲
- 心若向阳，何须忧伤
- 超越·新生
- 大学，离我有多远

人性本善，

人都拥有自我实现和成长的能力，

相信自己内在的资源，

相信自己有很大的潜能，

理解自己并合理处理自己的问题，

我的心发出爱自己的光芒。

——题记

自我接纳后的芬芳

——相信自己内在拥有治愈的力量

悦悦是高二女生，高二第一学期和小君成为同桌。刚开始两人关系不错，渐渐地悦悦感到小君一点点事都针对自己，让她感到很不开心。高二第二学期，位置重新调整后，小君坐在了她后桌。近两个月来，她感觉小君好像在偷偷地监督她，还在其他同学面前讲她坏话，导致其他同学看到她都回避她，这让她感到心情烦躁，甚至出现失眠、上课无法专心听讲、学习效率下降等情况。她的父母对她的学习期待很高，日常生活中对她关心不足，导致她学习压力大等情况。

能较为流畅、自由地表达客观的自我

悦悦刚开始有些拘谨，低着头，有些不自在。我倒了杯水递给她，问道："我可以给你提供哪些帮助呢？"见她还是有些犹豫，我又跟她声

明了保密原则和例外情况。

悦悦开始讲自己进入高二后与同学小君的矛盾，她讲了小君的种种不是，以及自己被小君"伤害心灵"的事件。比如：高二上学期，两个人是同桌，刚开始关系挺好的，后来她们因一件小事闹了别扭，她感到小君开始刻意跟她保持距离，课间和前后桌聊天，故意对她爱理不理。小君有时会和她说说话，但她感到小君都是跟她说这人怎么不好，那人怎么小心眼。此时，悦悦心里总会想着：你也好不到哪里去！悦悦还表示自己有段时间有什么题目不太懂，问小君怎么做，小君有时都不认真和她讲解，还经常取笑她："怎么这也不懂？"从此之后，她都不问小君题目了。高二下学期，老师重新调了位置，小君成了她的后桌，她总感觉小君上课时，盯着她，监督她，她无论做什么事情，都会被小君看得一清二楚。她还感到班级里其他同学也都疏远她，因为小君在同学面前说她坏话……

在悦悦的讲述中，我很用心地去理解她的内心世界："你感觉在这个班级中大家好像都不太喜欢你，你感到自己被孤立了，很不自在，其实你内心深处是很不希望这样的。"

"是的，我感觉同学之间应该是友好相处的，我在高一的时候，我对大家挺好的，大家也对我挺好，但到高二，不知怎么就这样了。"

🎵 我感到悦悦内心十分委屈，她同时把自己所有的不开心、不快乐都归因到小君身上，并且她感到小君在监督她，班级同学疏远她。我产生了怀疑：事情真的是这样的吗？我询问了悦悦的班主任，班主任表示：悦悦平时在班级里很敏感，大家都让着她。很巧的是，小君在接下来的第二个星期也过来找我咨询，她正因为悦悦的事感到很苦闷，她觉得悦悦总是有意无意地针对她。小君还想向我打听悦悦找我说了什么，我遵循保密的原则，并没有告诉她。但从小君的表述可知，小君并没有如悦悦所说在监督她。我也反思：为什么悦悦要这么认为？背后有着怎样的不愿说的"秘密"呢？🎵

能够更自由地表达个人情感，接受当时自己的感受

过了一个星期，悦悦第二次来咨询。她表示我愿意听她"诉苦"，让她感到在我这里很安全。听她这么说，我也是心里一股暖流流过。我想到求助者中心疗法不是理性地谈论求助者所关心的问题，而是直接关注求助者在某刻内心深处所关心的问题，因此，我顺势问她："为什么感觉在我这里是安全的？"

"老师，我也不知道该如何说起，我感觉自己其实很多时候是很好的……"她停顿了好一会儿。

"你的意思是说，你在学校里都是表现得挺好的？"

"是啊，我也努力和同学好好相处，可是他们为什么要疏远我？这让我很困惑。"

"这让你在班级里很没安全感？"

"我也不知道为什么，其实，我现在的同桌对我很好，她总是说要和我一起吃饭，但是，我却对她说：'我没有你想象的那么好。'"

"然后呢？"

"我就不想和她吃饭，但是又很过意不去，害怕她又不理我。"

"你好像挺矛盾的：你刚说自己挺好的，现在又说自己不好；你怕同学远离你，但又拒绝同学的邀请。"

悦悦沉默，或许她也在思考。我隐约感觉到其实是她无法接纳她自己，在她内心深处，她其实是不喜欢自己的，但是又不愿意承认。

我递给她一张卡片，上面写着这样一句话：我可以感受到我的情绪而不觉得受到伤害。我请悦悦谈谈对这句话的感受，悦悦默默地读了这句话几遍后，有些激动，触动到她的某种情绪："老师，我就是做不到啊，我感觉自己很受伤害，其实我心里是很难受的……"在接下来的会谈中，我明白其实她之前所说的都是在掩饰自己的"失败感"。她当时是以优异的成绩从初中进入高中的。进入高中后，她对自己抱着很大的期望，觉得自己的成绩理所当然应该还是在班级名列前茅，但是高中第一次考试，

她就受到沉重打击。尽管如此，她感觉自己还是在挺认真地学习，一心想要取得好成绩，但是接下来的几次考试，她还是感觉考得很不好，感觉很没面子、很丢脸。她总感觉自己成绩不好，同学们就不喜欢她。高二以不理想的成绩分到新的班级，她内心很不舒服、不甘心，刚好同桌小君的成绩比自己好，这就更刺激她了。悦悦因为自己成绩不优秀，总感觉低人一等，她对小君是既嫉妒又羡慕。悦悦总觉得小君的很多行为都是在向悦悦展示：我比你优秀。于是，悦悦内心对小君的不舒服感更强烈了。在这种对他人不舒服感的带动下，她处处觉得小君是跟她作对。以至于高二下学期，俩人没坐在一起了，但她还是对小君感到不舒服，刚好小君又坐在她后面，她就觉得小君对她不怀好意，觉得小君总在监督她。

"其实这些事情，你内心是很受伤的。另外，你虽然一直觉得小君对你不怀好意，但你给我的感觉是：其实你也是对小君不怀好意。"我很坦诚地说。当我这么讲时，悦悦有些惊讶，也有些恍然大悟："是我对小君不怀好意吗？"

📌 我慢慢了解到她行为背后的"秘密"：她其实是为了保护或掩饰那个进入高中因为成绩不好而受伤的自己。刚好小君是她同桌，成绩又比她好，就更刺激她了，就很容易把小君的种种行为解读成是对她不怀好意，然后泛化成其他同学也对她不怀好意和疏远她。这样的解读，降低了小君内心因成绩不佳而感到的挫败感：因为同学这样对我，影响了我学习的效率，所以我才考不好。幸运的是，悦悦自己也已经意识到自己行为背后的秘密，相信她接下来会更勇敢地面对自己。📌

完全接受过去被阻碍、被否认的情感

又过了一个星期，悦悦第三次来咨询，悦悦表示自己好像是对小君有些不怀好意，因为觉得小君成绩比她好，让她很有压力，但是她现在也不知道该怎么做好。我就拿了一张 A4 的白纸给悦悦，让悦悦把当下最困扰的一个问题写下来。她想了想，在纸条上写道：我想静下心来好好读书。我让她拿着纸条，好好读着这句话，并让她思考：是什么阻碍自己静下心来好好读书？悦悦很认真地想，过一会儿她说：她从小就上各种辅导班，作文、奥数、舞蹈、书法……天天都是奔波在各种学习的路上，虽然她心里有些不喜欢，但还是能适应，也学得比较好，妈妈也替她感到骄傲。可每次夜深人静时，她却感觉自己内心是很孤单的，因为她很怕她妈妈，妈妈对她要求很高，很在乎她的学习成绩。初二时，有一次她学习偷懒了，作业没完成，老师告诉了妈妈，妈妈就劈头盖脸地责备她，她吓得都不敢反抗。但是，到了高中，就没时间上辅导班了，高中的老师也没有像辅导老师那样常常监督她，她在学习上就放松了，高中学习难度又大，成绩就下滑了，其实她内心深处也是很着急，可是妈妈却不分青红皂白地说她"到了高中，就不认真读书了，以前学的都白学了"。这让悦悦感到，因为自己成绩不好了，表现不好了，妈妈就嫌弃自己，这就让她更受伤了。说到这里时，她开始抽泣。

待悦悦平静下来后，我跟悦悦分享了以下六句话，并请悦悦再次结合刚刚写在纸条上的问题，来谈谈现在有什么样的感悟。这六句话分别是：

（1）生命太珍贵了，我不能蹉跎岁月。

（2）我对自己身体里那个惊人的能量充满好奇。

（3）我苦苦寻觅的宝藏原来就在我心中。

（4）只有我能够使自己真正快乐。

（5）我肯定并了解自己内在的美。

（6）我积极生活，面对现实。

悦悦说，看着这几个句子，她也慢慢明白其实很多困扰都是自己造成的，自己平时可能太在意妈妈、老师、同学的评价了，都不知道自己到底想要什么。她也觉得有时很多事情都是她自己的负面观念造成的。她离开时，我请她把这六句话也抄在那张 A4 纸上，让她回去后慢慢领悟。

&悦悦越来越清楚自己为什么会困惑，可是她虽然知道原因所在，却并不清楚接下来怎样能真正走出困惑。中国肌动学家联盟主席东方渝先生研发的元卡，是一套建立在国学基础上的正思维的系统，我把其中六句话拿出来和悦悦分享，希望她能意识到：通过这些事情，她可以更加信任她自己，不再依赖别人的评价，也不再生活在别人的世界中，从而让她由内而外地建立起自信心。&

不需要心理老师的帮助，也可以继续自由地表达自己

第三次咨询结束后，悦悦没有再来找我。高三上学期，我们在操场散步时，刚好碰到了，她很腼腆地表示自从上次咨询后，她开始慢慢去关注自己的内在需求，也会时不时读读我之前跟她分享过的六句话，她觉得对事情的看法不再那么消极，对同学不再总是抱着偏见，对自己则感到越来越自信，内心的力量也越来越强大。可是，高二期末考试，她感觉考得不是很好，有那么一段时间，她感觉很痛苦，感觉之前一段时间的"好现象"都是假的。但是，后来又仔细想想，她意识到自己总体上整个人身心状态其实是越来越好，她说服自己，成绩到时候肯定会一步步慢慢提升上来的。她又继续努力，努力排除外界的干扰，实实在在地去学习、复习、巩固，直到自己完全掌握了学习内容。现在的成绩真的提高了一些，又找到以前那种有很充实的学习劲头的感觉。她现在也不会觉得小君在监督她，反而有时觉得小君也挺可爱的。她深深地感到：自己内在变积极了后，她对外界的看法也变积极了，外界也给了她积极的反馈。我听后，内心感到很欣喜："你有勇气把问题说出来，说明你已经很勇敢了。让我更欣赏的是，当时你感到考试没有考好，而你能在改变不了这一问题的情况下，还能踏踏实实地去学习，最终收获了你想要的果实，祝福你！"她灿烂地笑了……

悦悦把自己的心结打开后，内在的自我肯定意识就流动起来，身心状态越来越好，与身边同学的关系越来越融洽，成绩也提高了，说明她在这个过程中已经慢慢成长起来。

这个案例主要采用求助者中心疗法，相信人都有自我实现的倾向，所以咨询中我不断让悦悦自己去反思自己的问题，相信她内部的成长力量是她自己治愈的内部资源。悦悦也是在不断的反思中，让自己的学习、生活变得更积极。

跟随你的心，

一步步地走，

把你的恐惧当作良师益友，

把你的阴影当作有力的提醒，

找到自己身上的资源，

拥有爱人的能力，

让自己渐渐做回自己。

——题记

靠近童心，疗愈说不出的伤痛

——我为什么找不到自己

倩给人的第一印象是一个很活泼、外向的女孩，我每次在她们班上课，她都很活跃。一开学，她就到学校的心理辅导中心借了一本《高中生心理辅导案例解析》的书看，半个月后，她把书还回来时，问我："老师，我能和你聊聊吗？"于是，我们就约好了咨询的时间。在接下来的几年里，倩和我断断续续一直有联系，有时在心理咨询室里聊，有时通过手机短信聊。我发现我对她的理解越深刻，我越感到自己也是个受益者。在她的倾诉中，我的身心灵也得到成长，一股股暖流在我心里流过……

每一次磨炼都是生命给予的财富

倩第一次来咨询时，她就滔滔不绝地讲了自己的很多事情：7岁时，父母离异，她判给妈妈。之后，她妈妈外出打工，一年也就回来两三次，自己住在舅舅家。舅舅对她挺好的，她也很懂事，小学一年级时就已经自己洗澡、穿衣、做家务。学校离家里有点远，但她都开开心心地自己走路上下学。因为她在班级里很乐于助人，跟同学关系非常好，老师挺喜欢她，有时也表扬她，这让她很开心。她讲的都是她自己感觉挺好的事情，我也听得很投入，一方面为她有这么好的表现而欣喜，另一方面我心里隐约有些心疼她，不经意地问道："想你的爸爸、妈妈吗？"她愣了一下，但很快笑着摇摇头。

"我听你讲了这么多，我也很开心，我感觉你是很懂事、很不错的一个女孩子。那你来找我，是希望得到什么帮助呢？"我又问她。

"没有啦，老师，我只是想找你聊聊，感觉你挺好的，我也很喜欢看心理学的书。"

"哦，你看了《高中生心理辅导案例解析》这本书感觉怎样？"我试探地问。

"我想用一句话概括：每一次磨炼都是生命给予的财富。"她很得意。

"哈哈，你能有这样的感慨，真厉害。"我发自内心地欣赏她这句话，同时我也把我的另一种感受告诉她："我感觉，你好像极力把自己表现得很好，反而让我觉得你似乎在隐藏些什么，比如说内心痛苦的体验、消极负面的情绪……"

她没有回应我这句话，我们在她各种感觉都挺不错的事情中结束了这次咨询。

❧倩表现得太积极、太懂事了，反而让我感到有些不真实。她的爸爸、妈妈没在身边，难道她不想念爸爸、妈妈吗？她心里应该是有一些痛的，为什么她不愿意承认呢？❧

无法接受的情绪后面，是缺爱的自我

一个月后，倩给我发了短信："老师，你还记得吗，你当时说我隐藏什么，其实我当时很反感你这句话，好像我哪里做得很不好一样。但是这段时间，这句话会时不时会出现在我的头脑里，让我挺有触动：我在隐藏什么？你是说：我不好的方面吗？夜深人静时，我感到自己是忧郁的，好像这更像是我自己。"我感到她内心的一种纠结和痛楚，我鼓励道："谢谢你对我的信任，你已经很努力，已经做得很不错了。我们每个人都有阳光面和阴影面，看到你的阳光面，我替你高兴，但我也不会奇怪你的阴影面的，这无所谓对错，这都是很正常的心理。"然后，我们约定了第二次面询的时间。

第二次面询时，倩少了之前的一些活泼，她小心翼翼地表示自己今天要说的这些事之前从来没和别人提起过。她长吁一口气，还有些紧张。我倒了杯水给她，支持她："可能你说的事，我未必能帮上实质性的忙，但是我们有时候是需要倾诉的，也许讲出来后，自己心里就坦然、舒畅了，就不会那么压抑了。"在我的认同、接纳下，倩把另一个自己展现在我的面前：

她从小就有个好朋友丹，丹是她的小学同班同学，她们两家住得近，经常一起玩，自然而然就成了好朋友。她感觉丹对她真的是挺好的，比如教师节时，她们一起买花送给老师，丹都是多出一些钱，因为倩自己没那么多钱。倩也是表现出对丹很好，但倩感到自己内心深处其实对丹有很大的敌意。比如丹家有很多包装精美的童话书，而倩没有，倩有次从丹家借了一本童话书，那本童话书她很快就看完了，但是却在倩的家里放了好久，倩好像不想还回去，她感觉反正丹的家里这种书很多，也无所谓多一本少一本的。有时，倩看到丹和她爸妈一起旅游时拍的照片，心里很羡慕也很不舒服：为什么自己没有？有时，她会傻傻地想：要是自己是丹该多好啊！初中时，倩和丹同校但不同班，接触少了很多。到了高中，倩和丹又分到了同班，而且坐得很近，刚开始两人也是挺好的，但倩好像不知怎么的，心里面总会抵触丹，一种很不舒服的感觉。好像不喜欢丹开朗的性格，看到丹学习很认真也很不舒服，好像丹抢走了她的什么东西一样。

说着说着，倩流泪了，她感觉自己表里不一，她很矛盾：自己是不是很坏？怎么可以这样对待好朋友呢？

这次咨询结束后，我给她布置了一个作业，请她回去思考以下问题：这些不舒服的感觉是丹引起的吗？如果不是的话，那是什么引起的？

两个星期后，她在学校的心理信箱里放了一封信，信里的大意是：她其实心里也明白，大多数的困惑其实是她自己的，并不是丹引起的。她很痛恨父母离异，一年级时某天放学路上，几个阿姨对着她指指点点，说她是没爸妈养的孩子，她心里好难受。她生活在舅舅家，虽然舅舅对她挺好的，但她总是很怕舅妈，感觉舅妈不太喜欢她，她心里有时总是战战兢兢的。为了少给舅妈添"麻烦"，她很小就开始学会做家务、哄表弟（舅舅的孩子）开心。当她看到丹一家人那么其乐融融的样子，丹拥有那么多属于自己的玩具、书籍，她爸妈还经常带她出去玩，她产生了巨大的落差感。越是这样，她心里越不舒服，越怨恨自己的爸爸妈妈，这种感觉转化成了对丹的敌意。

倩对丹的敌意是对自己原生家庭生活不满意的一种投射，心有不甘、内心苦闷，她把这样的一种感觉投射在了丹身上，导致她对丹有敌意。倩是很渴望能摆脱出来的，她以为只要在生活中表现出"活泼、积极、乐观"的一面，似乎自己就是活泼、积极、乐观的。第一次咨询时，她表现得很积极、乐观，她是想来验证一下，并告诉自己：我很好，我没事了。其实从心理学的角度出发，你越是压抑自己不舒服的感觉，这种不舒服的感觉反而会越强烈，相反，你若是理解、接纳它，它就会消退得越快，就如一个人越能充分地表述自己的负面情绪，这个伤就越容易疗愈。

敞开心扉，看见内在小孩受伤的心灵

第三次面询时，她表示自己上次给我写信时，也是狠狠地哭了一次，她有一种被压抑在心底的消极情绪终于释放出来的感觉。我告诉她：我们有时就是要这样剖析自己，才能更了解自己、接受自己。我很用心地去理解她，有时也会给她一些引导，这次咨询中，当我说到"有的时候，我们的内心好像总有另外一种声音或有一个小孩一直在跟着我们"时，倩的身体有些僵硬、声音有些颤抖，说其实自己一直感觉有个小孩在心里跟着自己。这时，我引导她找个舒服的姿势靠在椅子上，做几个深呼吸，从头到脚，一点一滴地感受整个身体慢慢放松下来……大概四五分钟后，倩身体放松下来，内心也恢复平静了。

待倩平静后，我问她："内心的小孩是怎样的？"

"那个小孩一直躲在角落里，是破碎的、不完整的，有时候害怕得发抖，有时候又冷冷地怨恨地盯着你。我也试着去拉小孩的手，但小孩胆怯地退缩了。"她说。

"假如你是那个小孩，你觉得小孩当时的感受是怎么样的？"我又问她。

"爸爸妈妈，别抛下我，我想你们。"她号啕大哭起来……

倩意识到自己就是那小孩，她一边哽咽一边说道："从记事起，我总是在父母的争吵中度过，爸妈有时生气了，也会拿我出气，让我感觉好像是我哪里做错了。我那时是多么的无助和害怕，我多么渴望有爸爸和妈妈的关心。后来在舅舅家，我也害怕自己会做不好，会招舅舅和舅妈的不喜欢，所以我极力'伪装'自己，让自己什么都表现得好好的。和丹在一起也一样，我感觉自己和丹在一起有时挺累的，我有时总是顺着丹，我也觉得只有这样，才能拉近与别人的关系，但有时心里实在太不爽了，我会偷偷故意捣蛋或在心里生闷气……"

十几秒的沉默后，我再问她："如果这个小孩现在就坐在你面前，你想对她说什么？"

"虽然你很可怜，可是你还有喜欢你的舅舅、外公、外婆。外婆也对你挺好的，有时都把好吃的东西留给你吃。老师和同学也都挺关心你的。"她说。

之后，我引导她在想象中拥抱自己内在的小孩。

有差不多一年的时间，倩都没有来找我了。我想：当很多被压抑在我们心底的事情被释放出来后，内心深处就会回归平静。

努力让自己拥有爱的能力（做自己的父母）

高三上学期，倩又来到学校心理辅导中心。她说那节体育课，没上课，于是就想找我聊一下。她微笑着说很感谢我，之前和我聊过后，她感觉自己明白了很多事情。现在的她也不会刻意为了和同学拉近关系，有意地接近他们。她现在更多的时候，是跟随自己的心，一步步地走，也学会了独处，其实她更多的时候本来就是喜欢一个人待着的。对于丹，她现在也从内心深处慢慢欣赏丹了，她还半开玩笑半认真地对丹说："我真的好羡慕你啊！"没想到丹说："我知道的，我妈妈也跟我说，要对你好点，你太可怜了。"当时，倩很感动，也很不好意思，原来丹都是知道的，但丹还是一如既往地对倩好，她感觉心里好温暖。

尽管如此，倩说自己有时还是会有些莫名地伤心、忧郁，内心那个脆弱的小孩还是会不时地出现。我告诉她，这些都是很正常的现象，曾经的一些经历，真正要化解并不容易做到，这可能需要很长的一段时间。于是，我向她介绍佛兰克的"重做（自己的）父母"疗法和空椅子技术，让她平时在家做一些想象练习，常常和内心的小孩对话，努力化解"内在小孩"受的伤，并且从自身中找到力量，重做自己的父母。

她再次离开时，带着轻盈的步伐回去了……

阳光和阴影都是我们生命的一部分。面对原生家庭带来的伤害，倩很积极、很努力地去改善现状，去追求更好的生活，这是值得我们认同和学习的。在这个过程中，她刚开始刻意追求"阳光"，有意让自己看起来很开朗、很乐观，并回避阴影面。追求阳光面，并不代表阴影面会消失，它反而藏匿在潜意识中，带来痛苦的体验，比如倩对丹的敌意、感到被父母抛弃、寄人篱下的感觉强烈等等。之后，倩真正敞开心扉，不断地重新认识自己，也发现了内心的阴暗面，接受它，并开始整合它。当然，这需要非常地努力和不断自我反省的能力，只要不断地坚持下去，倩的生命力便会获得苏醒、得到滋养、获得力量，真正从阴影走向阳光。

什么叫作内心强大？

受到过别人的非议，

但仍然勇敢去生活。

看见过世间的丑恶，

但仍然付出善意。

遭受过内心的折磨，

但仍然可以选择相信自己。

——题记

身体里的臭榴莲
——青春期自我接纳心理辅导个案

高二女生小珍，因为总觉得自己脚很臭，不愿意到学校上课，来了也经常请假回家。班主任带着她的母亲来找我，希望我能帮助她。

小珍母亲向我详细地讲述了小珍的情况。

小珍在15岁时确实得过脚气病，经过治疗已痊愈。16岁那年的暑假，她在杭州亲戚家玩，不知道什么原因突然觉得自己脚很臭，就吵着回家了。后来妈妈带她去看了很多医生，温州、杭州、上海的大医院都去看过了，也吃了一些药。上海瑞金医院皮肤专科医生告诉她："你没有脚气，你这是心理问题。"可是她就是深信不疑地认为自己有脚气病。现在吃着上海某医院开的中药。

看了医院病例和诊断，我明白了。我打电话给班主任了解情况，找了三个女生和一个男生来访谈。大家反映小珍怪怪的，书包里总是有各种香味的东西，花露水味很浓，但是没有闻到臭臭的脚气。

做了充分的调查后，我主动去找了小珍，约好心理咨询的时间。

画出心灵的呼唤

小珍来心理咨询室找我，微胖、短发、高个子，穿着整洁的长袖、长裤，有一些拘谨。我请她坐到沙发上，她刻意地把脚往里面挪，紧贴着沙发，裤子很长，能够遮住半只脚。她似乎不希望我看到她的脚。

我笑着对她说："老师有什么可以帮助你吗？"

"我妈妈应该跟老师说过我的情况了吧。老师，我在教室里总是觉得我的脚很臭。"她脸上流露出尴尬的表情。

"嗯，你的妈妈跟我说了一些你的情况。你能不能再具体跟我说说你的感受呢？"我希望她能够说出自己的感受。

"女孩子得脚气病是很羞耻的事情吧。坐我后面的男同学，有一阵子经常说座位周围很臭，后来他就换座位了。我同桌也换了几个，肯定是因为我太臭了才换走的。在学校里我很紧张，如果有人说'臭'，我就觉得他们是闻到了我脚上的气味，如果他们在教室里摸鼻子或者捂着鼻子，我就很怕他们发现是我的气味，下课了我就跑出教室。总之很紧张。"小珍低着头，看着她的脚。

我点点头："听起来，你认为自己脚很臭，你觉得你在教室里影响同学了，感到愧疚，又很害怕同学发现你的'臭味'而远离你、嫌弃你。"

她抬起头，看着我："老师，你懂我。是的，所以我书包里有花露水、香水，每天都要抹了香水才到学校来。"

"老师能够体会到你的自卑和愧疚。你的好朋友了解你的痛苦吗？"

她低下头，脸上掠过一丝难过的表情："我在班里没有朋友。我很害怕跟她们接触，很怕接触多了，她们会发现我的臭味。"

此时，我基本上掌握了她不想来学校的原因了。小珍在班级里各方面不突出又经常请假，导致她在班级里缺乏存在感，因为自卑不敢与人交往，缺乏关爱。我打算用意象对话技术进行治疗。

意象对话技术是从精神分析和心理动力学理论的基础上发展出来的，它通过诱导来访者进行想象，了解来访者的潜意识心理冲突，对其潜意识中的意象进行修改与整合，从而达到治疗效果。我想通过意象对话技术，让小珍面对自己的问题，并接纳自我。我让她画一幅画，画一箩筐的苹果。画好苹果之后，我让她进入想象，开始意象对话工作阶段。

（1）在这些苹果中，你最关注哪一个苹果？它长什么样？颜色、形状、大小如何？

（2）你觉得它待在这个位置上有什么感受？心情如何？

（3）除了这个苹果，还有哪个苹果引起你的关注？它长什么样子呢？

（4）如果它会说话，你认为它会有什么话想跟第一苹果说呢？

（5）它们两个关系怎么样？

（6）如果可以，让它们靠得更近一点，或者手拉手，可以吗？如果有一个苹果不想靠近对方，请想去靠近的那个苹果说：无论怎样，你是我生命的一部分，我无条件地爱你，接纳你。

（7）现在两个苹果愿意抱在一起了吗？

（8）当这两个苹果抱在一起时，你再看看整个箩筐的苹果发生了什么变化？你现在内心有什么感受？

小珍："当 A 苹果不愿意靠近 B 苹果时，它心里想，我很臭，你不会喜欢我的，即使你现在喜欢我，将来也会嫌弃我的。可是当 B 苹果说'我会无条件爱你，接纳你'时，我心里好感动，我感到前所未有的温暖，感觉很安全，他们都爱我。"

此时，我事先安排好的小珍的两位同桌走进心理咨询室，小珍感到既意外又惊喜，有些不知所措。

"老师特意请了你的两位同桌，请她们说一说和你在一起的感觉。"

萌萌："小珍，你最近为什么总是请假？害得我没有同桌。"

小珍低声地说："我生病了，我不能待在学校。"

晨晨："你怎么了？你看起来很健康啊，我从来都不知道你有生病。"

我看着小珍还是很拘谨："小珍，你可以敞开心胸，和她们聊一聊你的顾虑。"

小珍鼓足勇气问道："你们平时坐我旁边，有闻到臭味吗？"

萌萌的脸上有点惊讶："没有呀，什么臭味？"

小珍不相信："真的没有？现在有闻到臭味吗？"

两位同桌异口同声："没有。"

小珍："我觉得我的脚很臭，我在教室里都能闻到，你们闻不到？"

萌萌："我经常闻到花露水的气味，说实在的，花露水的气味不太好闻，我不喜欢花露水。"

晨晨："你经常问我有没有闻到臭味，原来是说你身上的脚气味？我真的没有闻到哦。"

"真的没有？你们没有闻到吗？那你为什么换座位？"小珍不断反问，只想得到确切的答案。

萌萌："换座位是班主任弄的，我也莫名其妙。"

小珍听后感到惊讶万分，顿时明白了，内心也豁然开朗。

§ 我们聊了很多。在我的建议下，大家脱下鞋子，在场4个人都没有闻到异味，小珍也没有闻到臭味。两位同桌非常接纳小珍，给她鼓励，给她正能量，愿意帮助她，她们互相拥抱。

我要求小珍不能再请假，如果在教室里感到难受可以跟同桌说，请求同桌给予帮助。我们约好下周再面谈。§

与自己握手言和

第二个星期，小珍如约而至，她看上去很快乐，也更自信了。她跟我分享了这一个星期来的感受和变化。

小珍高兴地说："现在跟同桌在一起自然多了，不过偶尔也会想起脚臭的事情，特别是班级的男生经过身边时，就很紧张。"

小珍有许多"非理念观念"，这些错误思维造成她情绪的不安。因此，这一次我采用认知疗法，要求她驳斥负面认知。认知疗法是根据认知过程，影响情感和行为的理论假设，通过认知和行为技术来改变来访者的不良认知的一类心理治疗方法的总称。我准备通过认知疗法，纠正小珍的不合理信念，使她获得安全感。

辅导按照以下步骤进行。

（1）找出不合理认知，纠正认知。学会识别那些使她感到难受的想法和信条，并把它们变成更现实、更健康的思维方式。

非理性信念	情绪后果	合理信念
同学在摸鼻子，就是闻到了我身上的臭味。	紧张、尴尬	他们可能就是鼻子痒了。
别人是因为我太臭了，纷纷换了座位。	自责	如果我这里很臭，肯定没有人愿意坐附近，新来的同学并没有说什么。
妈妈说我没病，她是骗我的，她只是想骗我去学校。	愤怒	妈妈一直陪伴我，她是希望我好的，她没必要说谎，没必要隐瞒我的病情，她说不臭，肯定真的不臭了。
……	……	……

（2）改变行为。勇敢面对令她害怕的情境，果敢地交流，解决问题。

情 境	同学经过我身边时，会摸鼻子、皱眉或者打喷嚏。	
情 绪	紧张，自责，很想躲起来。	
想 法	他们是闻到了我身上奇怪的气味，他们心里在骂我，恶心我。	
信 条	这件事情很糟糕，非常丢脸。	
思维错误	□应该	□草率得出负面结论
	□恐怖化 √	□猜心思 √
	□非黑即白的思维	□指责
	□以偏概全	□贴标签√

思维错误	□自我麻烦	□杞人忧天
	□思维过滤	□攀比
	□绝对化	□事后诸葛亮
驳斥	我曾经得过脚气病，但是医生已经帮我治好了，妈妈和同桌都说我没有脚气病，那我肯定真的没有脚气病了，大家不会骗我。医生也这么跟我说的。我只是需要时间去克服自己内心的顾虑。 他们摸鼻子可能是闻到了花露水的味道，这个味道他们并不喜欢，而且觉得怪异，并不是因为我脚上的臭味。 我肯定能走出困境。	
积极行动	不要再关注走过我身边的每一个人，我要相信自己没有脚气病了，我要自信。不要再用花露水。相信我的同桌。	

  经过合理认知情绪疗法的辅导，小珍正视那些错误思维，并在我的指导下进行驳斥，她发现"是我想太多"，逐渐建立起正确的思维模式。我让她把监测表带回去，在教室里有不良情绪时，就进行这个思维驳斥的过程，以不断进行逻辑驳斥。

正念减压，打扫心房

  第三次来，她带着监测表，这一个星期她做得很好，当出现不合理的想法时，她能够按照方法进行反驳。

  小珍长期被自我错误的想法和消极体验折磨，走路小心翼翼，思想紧张。我想帮助她打扫心房，通过意象对话技术扫除内心的"灰尘"，打开心窗接受阳光、体验释然的感受，最终能够积极阳光面对自我，内心舒畅明亮。

  打扫房子意象对话引导语：

  "请你以最舒服的姿势躺好，闭上眼睛，深呼吸，想象一个能量团即将从你的头顶慢慢地、一点一点地贯穿你的体内，它所到达的地方你都觉得非常放松、温暖、柔和，能量团从你的前胸、后背到达了你的腹部，它一点一点地继续前行，到达了你的臀部、大腿，经过了你的膝盖，到达了小腿，四肢也跟着沉重了，没有力气了，再向下，贯穿你的脚踝、脚背和你的脚指头，你感到非常柔软、温暖。现在你跟着我想象，你正走在一条路上，沿着这条路往前走，路的尽头有一个房子，如果还没有看到房子，不着急，慢慢往前面走，慢慢地它就会越来越近、越来越清晰地浮现在你的眼前。你走到房子的面前，仔细看一看这是个什么样的房子呢？什么材质做的？房子有门吗？有窗户吗？你站在门口推开门，走进房间里面去，你看一看，这是个什么样的房间？房间整洁吗？房间里有哪些东西？什么样的光线？你的心情和感受如何？……"

小珍在意象中看到了一座古老的旧房子，房子的门锁着，她站在门口许久都不愿意进入，在我的引导下，她才愿意找钥匙打开门。进去之后，房间光线灰暗，布满灰尘，有一个小窗户，有一张书桌，桌子上有花瓶和书，房间的一角有个壁炉。在意象对话中，我引导她找到开关，点亮房间，打扫房间的灰尘，给壁炉生火，使房间充满温暖。接着我让她打开窗户，让阳光照射进来，照亮整个房子，照暖她的心窝。阳光照射在她的身上，她感到很舒服、释然，最后请她感觉非常美好的时候，离开房间，关上门，按照原来的路径慢慢回到现实中。

打扫房子意象对话结束之后，她感到内心充足，眼神里充满自信，似乎被洗礼了一样，心境透彻明亮。她带着这种美好的体验结束本次心理咨询。我们约定下周她再来找我做心理辅导。

就是这个讨厌的榴莲

第四次见到小珍，我感觉到她更敞亮了，表情愈发自然、自信。她来到沙发前坐下，把脚摆放到沙发前面，虽然有一些不自然，但是再也没有尝试着"藏"起她的脚。我照旧询问她这一个星期来的情况。

"你的脚还臭吗？"

"我在咨询室里没有闻到脚臭。在教室里，偶尔还能闻到脚臭。"

"在家里呢？"

"上个星期做了心理咨询之后，我回去想了很多，我想我的脚应该真的不臭了吧。我的同桌反复跟我说，我的脚真的没有气味。但是我还是没有信心，特别是来到学校就紧张。"

小珍现在要处理的就是这个情绪。在前三次心理咨询的基础上，这一次让她直面自己的双脚，彻底解决脚气问题。（意象对话）

我引导她进行身体放松："请你躺在沙发上，闭上眼睛，做几组深呼吸，达到全身放松的状态。请你从头到脚扫描自己的身体，你的痛苦和烦恼，在身体的什么地方？这个痛苦像什么？"

"脚，痛苦在脚的部位，它像一个榴莲。"

"能描述一下这个榴莲吗？"

"有点臭，有些人很讨厌它，有些人能接受它。"

"谁把榴莲放在这里？"

小珍想了一会儿："我自己。"

我帮助她进行更深入的接近："请你走近这个榴莲，你有什么感受？"

"榴莲很臭，弄得我两只脚也很臭，我讨厌这个榴莲。"

"那该怎么办？"

"给喜欢的人吃。"

"那你去找找，周围有没有人要这个榴莲。"

意象中，她端着这个令她讨厌的榴莲，送给了一个喜欢吃榴莲的人，她则躲在角落里偷偷地看着他把榴莲吃掉，同时，榴莲的气味越来越淡。后来，她再也闻不到榴莲的气味，于是她很放松地开始玩起手机里的游戏，心情十分愉快。

我继续引导她："请你再一次回顾你的身体，回到刚才让你感到痛苦的地方。你现在的感受是什么？"

"我回到身体，发现榴莲没有了。我感到很开心，很舒服。"她脸上的表情很轻松。

"你能拥抱你的双脚吗？"

"可以。"

"看着这双脚，你想对它们说什么？"

"我喜欢你们。"她的嘴角微微上扬。

"双脚有没有给你回应？它们说了什么？"

"它们说，我也喜欢你。"

"紧紧地地拥抱自己的双脚，坚定地对它们说：无论怎样，我都无条件地爱你们，接纳你们，因为你们是我生命的一部分。"

小珍："无论怎样，我都无条件地爱你们，接纳你们，因为你们是我生命的一部分。"

她感到越来越快乐，越来越轻松。按照我的引导，她在感到很舒服的时候，睁开了眼睛。

睁开眼睛之后，小珍很久没有说话，用双手抚摸着她的双脚，无言地交流着。这一次，小珍与双脚有了一个奇妙了联结，她开始敞开心胸去接纳这双脚，接纳自己。她认真地凑过去闻，真的没有气味。

经过四次心理咨询之后，小珍改变了许多，从认知上接纳自己，她不再焦虑，认为自己的病已经治好了，也不再过分关注别人的眼光。她对我说，已经闻不到脚气味了，跟同学相处非常自然，也不再想着自己的脚，不再担心别人是不是闻到异味。咨询结束后两周，我从她班主任那边得到反馈，小珍不再要求请假，与同学的相处状态也比之前好了许多。

青春期是自我形象敏感期，注意力易指向自己，且首先指向自己的身体。青少年对自己身体的认同感影响着其人际关系。心理辅导让迎面的微风吹散她心灵的阴霾，让清脆的铃声奏响她灵魂的乐章。对小珍的辅导能有如此明显的效果，除了得益于意象对话技术、合理情绪疗法之外，小珍的母亲、班主任、同桌的支持也不可或缺，她们的认可和支持就像一颗定心丸，给小珍勇气面对困境，战胜对自我的焦虑。

阳光下灿烂，风雨中奔跑。

做自己的梦，走自己的路。

微笑向暖，安之若素。

你若盛开，清风自来。

——题记

心若向阳，何须忧伤
——体相烦恼咨询个案

跟往常一样，中午的咨询时间，我敞开着咨询室的大门，迎接着来和我谈心的孩子们。伴着一点点的轻音乐，我感觉窗外的阳光有种香甜的味道，此时电话铃声急促地响起，打电话的是一个平时我接触过的女生，她向我反映她们寝室室友的一些异常情况，说是最近有些自残的行为，她们同宿舍的看到了觉得害怕，于是想到了给我打电话，让我帮帮她，并让我不要跟她室友说是她们因为害怕而把她看作异类才找心理老师的。我对她们口中说的"异类"室友阿乐有点印象，该生身材高挑，皮肤黝黑，衣着不是很整洁，在班级里人缘不是很好，说话有些口无遮拦，偶有爆粗口。为了让她能主动来咨询室，我在他们班级上心理课时对她进行了积极的关注，并主动找她谈心，给予支持与信任。

我不想分手

在一次情绪辅导的活动课后，阿乐主动找到了我，说想找我聊聊，于是我们约好了时间在咨询室面谈。

初次见面时，她整个人是低着头走进咨询室的，而且表现得很拘谨，欲言又止，双手紧握，目光很少与我有交流。我知道她其实还是有点紧张，有些不信任我。

我轻轻地把咨询室的门关上，并给她倒了一杯水，拍拍她的肩膀，对她说："放轻松，深呼吸，在这个环境中你是安全的，老师会对你所说的绝对保密。"

"有什么需要老师帮助的吗？"（开放式询问）我开门见山地问道，慢慢地她抵触的情绪有所缓解，开始诉说自己的不幸遭遇。

"老师，我觉得我的人生是没有希望的。"消极无助的感觉吞噬着她。

"能跟老师具体地说下发生了什么事情吗？"（具体化）

"我现在经常会无缘无故地哭泣，上课注意力不集中，什么事都不想管，只想睡觉。"

"那具体是有些什么样的烦恼困扰着你，让你失眠呢？"（具体化）

"老师，你说现在的人为什么都是外貌协会的啊？不论干什么都是以貌取人。"从她无助的话语中我能感受到她介意自己的形象给她带来了困扰。

"外貌固然重要，但是内在修养才是人的名片。"（鼓励技术）我给她举例身边的同学，以期待能给她一些正面积极的力量。

"道理貌似我都懂，但是现实却残酷很多。老师，我最近交了一个男朋友（网恋），因为地域的原因，一个在外地，一个在永嘉，平常都是通过手机与QQ聊天。"她甜蜜地回忆着跟她男朋友的点滴，看得出该生是比较投入的。

"老师也能感受到你们之间的甜蜜。"（情感反应）

"对啊，老师，我们感觉每天都有说不完的话，做什么事情都会想起对方，前几天他提出见面，我激动了好几天，经过室友们的出谋划策我还精心打扮了一番。"

喜欢网恋的孩子或许是逃避现实寻求一种寄托，这背后或许隐藏着些什么原因，我鼓励她继续叙说他们见面的场景。

"见面后我发现他比想象中还要帅气，还要体贴，室友们都夸他好，我心里很满足，那一刻我很幸福，满心期待接下来会有美好的爱情故事发生。但是在接下来的几天相处中，我却发现他没有了以前那样的激情，冷淡了不少，联系也少了，渐渐地归于平淡，没过多久他就跟我提出了分手。老师，我真的很难接受，没见面前一切都好好的，但是现在却是这样，早知道就一直网恋好了，这样他就不会因为我的外貌不好与我分手。"

"你怎么知道他是因为这个原因跟你分手的？"

"这不是很明显嘛，肯定是啊，我不想去问，保留一点自尊吧！"我看到她手上有些自残的划痕，估摸着可能跟这事有关，于是试探性地问道，"你手上的伤痕是因为这个事儿吗？"

"对，我不开心就会划伤自己，这样觉得不会那么难过。"

我看到她的手臂上旧伤也不少。

"以前也有过这样的行为吗？"

"是啊，我遇到不开心的事，心情不好就会这样，其实没什么的，老师，这对我而言也比较平常。"

在接下来的交谈中我主要还是一般性地了解她的睡眠饮食等习惯，然后在各种约定当中结束了本次的咨询。

阿乐给人的第一感觉是极其不自信，她将原因单一地归为外貌。我想每个行为的背后肯定有其深层的秘密，刚开始我并没有给她定性。是否愿意敞开心扉信任我是咨访关系建立的关键，我并不急着要求她完全信任我，我更多的是倾听和收集资料，了解情况，我将如何建立起信任作为我咨询的第一步。我相信，既然她愿意主动来找我，她也是在试探我或者她也在反思：我能信任老师吗？我该怎么讲呢？所以，我期待着和她下一次的见面。

丑小鸭形成记

和阿乐短暂地交谈后，我整理了一下自己的思路，在心中有了一个简单的判断：青春期的孩子自我意识越来越强，特别注重自己的形象，这都是一些正常的心理现象，但是她却把外貌看得如此之重，肯定有深层的理由。

第二次见面，还没到时间，她就早早地在咨询室门口等候了。我给她递了一杯水，表扬了她今天的早到，并且告诉她很高兴她能这么信任我，我很想帮助她。端着杯子，她疑惑地问我："老师，我的问题是不是挺严重的？"我想她回去的这几天也开始慢慢地思考发生在自己身上的事儿了。

"为什么会这么问？"我问道。

"我在用刀片刮伤自己的时候并不觉得痛，反而会有丝快感。"

"不要害怕，一切行为的背后都是有其深层的原因的，只要清晰地了解了自己的问题，很多行为问题就会有效地得到控制，要给自己足够的信心。要从失恋的痛苦中走出来是需要时间的，需要靠自己的勇气和决心，短期内出现悲伤、苦恼的情绪是正常的，即使是失眠也是合理的。"（解释技术）

简单地询问了她这几天的情绪感受后，我感觉她这次的状态好点了，在我的鼓励与无条件接纳下她打开了话匣子。

她父母亲在她很小的时候就离异了，她被判给了爸爸，而妹妹被判给了妈妈，其实她更喜欢和妈妈一起生活。妈妈那边的经济条件要稍微宽裕一些，而爸爸一直在农村老家待着，没什么大的经济来源，对她一点都不关心。

与同寝室的室友相比，她们每个人的家庭条件都不错。她在生活中省吃俭用，深知赚钱的不易，也很少打扮自己。每次与妹妹一起，大家都夸她的妹妹，久而久之，她就对自己的外貌很不自信，觉得是因为自己不好看妈妈才不要她，漂亮的女孩有很多的优势。到了现在这个班级、这个寝室，身边的女孩在她的眼里个个都比她漂亮，深得班级的老师、异性同学的喜欢，自己与她们相比什么都不好。她想既然自己先天长得不好看，家长、同学都不喜欢，那就把成绩提高上去，让大家对她刮目相看，可是对于学习她真的是心有余而力不足，为此，更觉得自己一无是处，陷入了深深的自卑中。而在最近的一次导游大赛中，自己与室友训练得都很辛苦，但是最后的结局是她们入围而自己落选，加重了她的不良认知。

我心里想着：阿乐父母的离异造成她家庭归属感的缺失，而自己被判给了爸爸，她觉得自己不够漂亮、不够优秀才不招妈妈的喜欢，而爸爸对她的关心也不够。因为家里经济条件不好，她小小年纪就要承担各种家务活。高中后，由于离家远，她极少回家，与家人相聚的时间比较少，独立性比较强。亲情的缺失，导致阿乐从爱情中获得弥补的愿望越来越强烈，想获得他人的认可。

根据她的自述情况，她对自己的外貌不满意，外貌给她带来很大的困扰。我采用自我评估让她对自己的外貌困扰程度进行评估：如果外貌困扰的严重程度从低到高为 0 分到 10 分，你会为自己的外貌困扰状态打几分？她的自评结果为 7 分。

 每个行为的背后都有其深层次的原因，一个人自信缺失源于很多方面，其中就包括原生家庭的影响。父母的离异，亲情的缺失，姐妹之间的不平等待遇让她渐渐失去自信，于是她极力想从其他方面获得关爱。在生活中，有很多人对自己的外貌不满，还有人去整容，以改变自己的容貌。阿乐因为性格内向、敏感，特别在意别人对她的评价，常常在心里暗暗与身边的人做对比，常常会把自己打扮得有些超出实际的年龄，而且她习惯于把失败的原因归为自己的外貌不尽如人意。体相的烦恼使得阿乐自卑，给了她错误的认知，使她认为自己的诸多不顺与苦恼根源于自己不漂亮，而自己又没办法改变这一切，因此她痛苦、自卑。

丑小鸭变形记

咨访关系建立之后，在我的积极关注、倾听、鼓励下，她尽情地讲述自己的故事。我开始运用认知行为疗法进行辅导，告诉她引发痛苦的思维模式，指出她的不合理信念，并在结束前布置了一个作业：要求阿乐用五栏表回忆记录自己近一个月来有关学习、生活的各种想法，分别写出诱发事件和不适感的具体结果，以及两者之间的不合理信念，并解释为何自己有这样的信念。每次咨询，我都会与阿乐概述会谈的要点，讨论日程的设置，分析讨论家庭作业……就这样坚持了六周，每次咨询时她都会报告她所遇到的情况。每次的家庭作业我都要求她尽量地认真投入其中，只有这样才能使她有机会重新理智地分析自己的想法。

阿乐非常配合我，每次布置的家庭作业都能及时完成，自我改变的意识比较强烈，好的咨询关系是成功的一半。在接下来的咨询中我着力改变求助者经常性出现的几个想法：(1) 自己被判给爸爸，是因为自己不够优秀，不够漂亮；(2) 导游大赛失利，觉得评委老师偏向于漂亮女孩；(3) 与男友分手，是因为他是外貌协会的，自己没有魅力，不好看；(4) 把外貌看到太重，关乎到生活中的一切；(5) 自己真心付出了就该得到应有的回报，把失败看得太重。

我也试着与阿乐的爸爸妈妈保持联系，了解情况，并建议他们能更多地给予关注，可以从积极的角度看待孩子，在生活中注意观察，多去发现孩子的闪光点，并给予表扬。

"老师，我以前都没觉得自己的想法有哪里不对，现在跟你聊天后我才发现还真的是有点钻牛角尖了，所以才会苦恼得无法自拔。"

"我们很多的心理问题都是因为自己的认知出现了偏差，只要换个角度重新认识事物，就会发现生活中的美。"

有了认知上的改变，还需要用行动来巩固，因为生活中的许多经历，使其形成了不自信的性格，感觉自己哪方面都不及同龄人，表现出无价值感、低自尊、自我感觉欠佳，不能很好地认识自己并接纳自己。于是我引导阿乐把比较的眼光从别人的身上转回自己，在整个过程中我尝试着让她去找寻自己身上的优点。刚开始的时候，她怎么也想不到自己身上会有什么优点，于是我进行耐心的引导，让她慢慢在生活中发现自己的优点，并让其大声地朗读出来，给自己增加信心。

通过共同商讨我们制定了"行为契约"，采用行为训练和积极暗示，帮助其增强自信心！

　　每个人的自我接纳和宽容是支撑一个人行为和理念的最根本的东西。生活和学习的经历，使得她出现了成长当中的焦虑，久而久之出现了一系列认知上的偏差。在此阶段主要是让她找寻到自己的核心信念，并在之后不断的练习中改变一些不合理的信念，慢慢地学习自我接纳，增强信心！

为美丽而自信

　　当她再次来到我的咨询室已是一个月后的一天。这次来，她的状态很好，脸上洋溢着笑容，而且她剪了一头秀气的短发，换上了崭新的秋季校服，眼前的她面目一新。注意到我的惊讶，她理了理自己的刘海，不一会儿，她便和我说起自己最近的心态。

　　"老师，我愿意当一颗夜明珠，散发自身的美丽，不需要模仿别人，怨天尤人。"此时的她身上闪耀着自信的光环。

　　"生活中有很多东西是无法改变的，比如长相、你的父母等，但每个人的起点是一样的，有些人培养了善良，生成了智慧，而有些人却骄纵、自私。真正能赢得别人的赏识与喜欢的是内在的品质。"

　　阿乐笑容满面、心情愉快地说着："老师，你说的对，很多时候是自己狭隘的思想阻碍了我的看法与心情，是自己钻牛角尖，太纠结自己的长相问题，虽然现在也会偶尔想起，但是不会那么纠结，我正努力学着积极应对。"

　　"现在的你自信而美丽。随着阅历的增长，你会慢慢地长大的，开始走进自己的内心，完善自己的内在，增强自己的自信，做自己想做的那个人。当然，这期间还是会有些困惑，都是很正常的现象，在今后的生活、学习中要养成内观自己的思维，不断修正，做到真正接纳自己，由内而外地变得美丽自信。"

看到她眼里释放出的欣喜的神色，我知道，新的希望正在她的心里诞生……

得不到家庭的关爱，没有知心的朋友，学业受挫，每次遇到问题时，找不到合适的人去倾诉，只能一个人去抗下所有的问题，觉得非常孤单无助……人是社会中的人，只有单方面个人的努力还是不够的。因此，寻求身边老师、家长以及同学的关心是很重要的环节。从来访者的发展情况来看，老师、同学以及家长的关心和帮助给来访者带来了信心，这种温馨的感觉会促进来访者尽快走出现状。

家庭是孩子学会人际处理和获得安全感、满足感的第一摇篮。一个人如果长期生活在父母的冷漠、忽视中，就容易产生自我封闭的心境，变得性格内向、谨小慎微、孤僻多疑、缺乏安全感等。而和谐的家庭人际关系，会使孩子变得自尊自爱，内心充满丰富情感。

每一次超越，

都是突破一个难以想象的极限；

每一次新生，

都要经历一段不为人知的黑暗。

涅槃过后就是重生。

——题记

超越·新生

——自信心培养辅导个案

张某，女，高一新生，在班级里成绩中上，身体健康，爱好运动。张某的父母离异，她跟着母亲，母亲没上过学，经济状况一般。由于离异，母亲很自卑，但也很要强，这种性格也影响了张某。她胆子小，怕事，整天很担心有什么不好的事情会降临在她身上。

上了高中后，功课增多难度加大，张某想要问老师问题，但表现出过分的焦虑、自卑。好不容易鼓起勇气，却在问问题时结巴，她无法表述清楚，不敢看老师，事后又自责自己没用。这种情况不断地出现，而且不断加重，她很苦恼。她怕被老师看不起，却在内心又很想得到老师、同学的帮助，所以内心很痛苦。她学习还算勤奋，也特别想要在学习成绩上获得他人的认可，却常事与愿违。张某很想解决自己因自卑而怕事的状况。

我需要山一样的依靠

张某母亲受离异的影响，对张某比较溺爱，家里所有的事都由她操办。因此，张某极度依赖母亲，离开母亲就会出现不安全感，甚至受到一点小挫折也觉得很委屈，父爱的缺失使她这种情感更为强烈。若有父爱存在，当她的情感或者学习备受打击时，也许依然信心十足，因为父亲往往是女儿的偶像。

当她第一次来咨询时，我先与她聊了一些轻松的话题，尽量营造出轻松的氛围。

"老师你好，我不知道从什么地方开始说，我带来了自己写的一篇日记，想给你看看。"她拿出了日记给我看。看到她拿来的日记写得不错，我表扬了她，表现出对她的积极关注。

她在日记里写道：

"父爱一定是豁达的、宽广的、睿智的、甜美的吧。在没有父爱的日子里遥想父爱，是件快乐的、略带酸楚的事。父爱是山，我想是这样的。父爱是强劲的、粗大的手掌，可以支撑儿女们的天空；父爱是一个赞许的目光，是儿女们跌倒时鼓劲的话语。我不知道拥有父爱究竟是怎样的一种感觉，只能在委屈的时候，深深地遥想父爱。父爱是宽广、温暖的胸膛吗？我不知道，但我一直在渴望有这样一个肩膀可以依靠。只那么轻轻一靠，似乎一切都难不倒。我羡慕那些拥有父爱，在父爱里成长的孩子……"

从她的日记里，我可以看出她多么盼望父爱。可是因为父母离异，父爱缺失了。有父亲关注的孩子比没有父爱的孩子更有安全感，因为父亲是力量的象征，在孩子的心目中，父亲是非常伟大的。父爱是一种强大的精神力量，能够让孩子增强自信心和意志力，这是母爱所不能给予和替代的。

心理学家格塞尔说："失去父爱是人类感情发展的一种缺陷和不平衡。"心理学家和社会学家所做的大量调查也表明：没有父爱的家庭会严重影响孩子的身心健康，造成孩子性格心理的缺陷。所以，让孩子感受到父亲的存在，体会到父亲对自己的爱，其意义在于使孩子有一种心理寄托，获得安全感。在孩子成长过程中，既需要母爱，又需要父爱，孩子渴望父爱同渴望母爱一样。

我让她坐在沙发上，随着音乐，注意指令要求，按顺序做肌肉松弛放松动作，让她体会面对别人时那种放松、温暖和愉快的感觉。结束前我们约定好，平时紧张的时候她要学着做放松练习。咨询结束，我在门口目送她回去。

爸爸，去哪儿啦

第二次咨询，她在交给我的咨询日记中写道："这个老师不像班主任那么凶，态度好，很和气，在这儿我觉得一点也不紧张，很舒服。"

"上次跟你交流让我感觉很放松，没有以前那种不舒服的感觉。"

"能具体说说那种感觉是什么样的吗？"

我逐步引导她说出心理的不痛快，把心里的委屈、担心、困惑说出来，使她的负性情绪体验得到合理的宣泄。

"现在我希望你能在放松的感觉下，与自己进行再一次的对话，了解自己。"我采用冥想技术，想办法把她的负性情绪清除一遍。我让她背靠椅子，放松地倾听催眠音乐，然后给自己编一个梦，很快她的梦开始了。她把梦的内容说出来，她投射的情景就是她的渴望。

"一天，有邻居在骂妈妈，妈妈只是哭，自己也只是哭，而远方那个只剩下影子的爸爸却越来越远了，没有办法看得见，我感觉到自己的无能和不自信，自卑和软弱……"

在梦中她先说了妈妈被人欺负，自己却无能为力，又谈到了爸爸在远处只是个很模糊的影子，看不清楚，但绝对是爸爸。

"老师希望你能走近一些，仔细看看那个影子，细心观察你的爸爸，他给你的是什么感觉？"接着，我让她想象积极的一面，她说她看到爸爸慢慢地走近了。

"原来爸爸那么高大，强壮，有力量。他狠狠地骂了邻居，把妈妈拥入怀里，把我拥入怀里。我感觉到很温暖，很兴奋，很开心，很激动。"

从这里可以看出她多么渴望父爱。

这次咨询较上次，她的情绪状态有了明显的改善，肌肉的那种紧绷也看不出来了。

原来，您一直都在

第三次咨询，我预约了张某的父亲。她的父亲是位成功的商人，与张某母亲因感情不和离婚，母亲反对父女亲近。

"张某爸爸，感谢你的配合和到来，你孩子的成长需要你的支持和帮助。"

"我很亏欠我的闺女，我很爱她，我知道作为父亲我不合格。"父亲一直很内疚，也很想补偿她。现在张某这样，也是她父亲不愿意看到的。当我要求她父亲配合时，他很高兴地答应了。她的母亲也答应让她父亲来看望她。

在咨询日记里她写道：

"爸爸，你是我生命中的太阳，你才是我生存的根源所在，动力所在。您不但给了我生命的力量，也指引了我成长的方向，感受你的爱是我的最大愿望、最大满足。这个时候，我只有加倍努力地学习，勤奋地学习来回报你，加倍地爱您！爸爸，在您坚实的臂膊里我长大了，我不自卑了，我自信多了。我要深深地祝福你健康长寿，工作顺利。"

"在我的心目中，爸爸一直是不理睬我，直到现在我才知道，您是那个默默无闻却一直在关爱我的人！虽然您的话语不多，但是您的行动是那么的真实，那么的无私，您的每一句话也都像我身边的天使一样永远鼓励着我，号召着我要做勇敢的人，勇往直前。您的一举一言永远令我感到不可忘怀。我得承认有些时候我很恨您，是您离我和妈妈而去，我总想着某一天要是长大了我要去惩罚您。想想过去这些愚蠢的想法，我真是太幼稚了。"

"这个时候我才知道您对我有着多么重要的意义。我知道，无论如何，您都深深地爱着我。我永远都被父爱包围着，在您的怀抱中，我很幸福，也很快乐。以前是我不懂事，给您惹了很大的麻烦，没有顾虑到您的感受，我知道我错了，我也在深深地自责以前对你的不敬、不恭。现在我懂事了，我是您身上的一块肉。原来我一直都像您，您的为人处世，您的性格，甚至您的相貌。原来您的快乐就是我的快乐，原来没有任何人可以代替您的位置，您是独一无二的，是我唯一的伟大的父亲。原来我永远都在您的爱与关怀中成长，我根本就离不开您，我至爱的爸爸。尽管您和妈妈离婚了，我们还是父女，今生不变……"

对孩子的爱不变，离家但不离心

"闺女，不能给你一个完整幸福的家庭，真的是爸爸的错，我一直想办法弥补，以前老是在你面前与你母亲吵，对你伤害很大。后来我本想只要尽量不打扰你们的生活，就是对你最大的帮助。"

咨询中，我深深感觉到离婚给孩子造成的负面影响，她目睹了父母之间敌对的情景，有着巨大的心理压力。由于长期生活在单亲家庭中，家庭缺乏应有的温馨和关爱，孩子极易出现消极的情绪和不良的情感反应：情感脆弱，易激动，没有安全感，容易自卑，觉得自己生活得不愉快，没有幸福感，心理失衡。

"嗯，爸爸说了自己的想法，你也真诚地说说你的心里话和需要，好吗？"我引导她吐露心声。

"爸爸，你知道吗，其实我知道你与母亲的矛盾，我也知道你们很难在一起，我会慢慢接受你与妈妈离婚的事实，但我最害怕的是你不理我了。"尽管父母已经不在一起生活了，也要让她感到父母给予她的关怀和爱是丝毫没有减弱的，这是避免孩子出现心理行为问题的有效方法。父母需要注意聆听孩子的倾诉，多抽出时间和孩子面对面地交谈，专注倾听孩子说话。同时，父母要了解孩子的真实情况，这样才能针对问题给孩子以实际的帮助。

"妈妈对我很好，我能体会妈妈的苦心，她越想弥补什么，越让我觉得爸爸再也不可能在我身边了。"过分的严厉和过于溺爱容易给孩子造成逆反心理，用这些偏激的方式来对待她，会给她的心灵造成沉重的负荷。

"爸爸、妈妈我已经长大，你们可以听听我的想法。"不要让孩子卷入夫妻之间的矛盾，别逼迫孩子在父母之中周旋、选择，更不能忽略孩子的感受。要知道孩子也是一个独立的个体，会有自己的感受和生活，所以要在尊重她的基础上关注她的内心感受。

"现在我感觉舒畅多了。爸爸妈妈你们能像现在这样认真听我讲，我觉得你们一直在我身边，我会感觉很安全。"父母离异的孩子在与自己的伙伴或其他人的交往中，往往会遇到一些有关父母婚姻的问题。如果单身父母及早向孩子坦诚做出说明，就能让她正确对待各种询问，而不至于陷入尴尬的境地，这对孩子的成长是有益的。

在她父母亲的配合中，她逐渐地恢复了自信，也露出了笑容。她对我说"这才是我真正喜欢的自己"。我很高兴看到她的自信与笑容。

每个孩子在成长过程中都会遇到挫折和焦虑。对阿乐来说，父母曾经的矛盾和分离深深地扎根于她的童年记忆里，日后她的言行或多或少地将受其影响。在咨询过程中，我引导她关注自己的内心情感需要，其中冥想技术在此过程中起到了理想的效果，同时也明确了咨询的目标。

阿乐渴望一如既往的父爱和支持，而父亲也一直牵挂着她，但客观原因使父亲缺乏陪伴，父女之间的爱处于割裂状态。如何修复他们爱的桥梁，是本次咨询的重点也是难点。借助阿乐的日记映照她的需求，同时也让父亲真切地感受到阿乐的情感。之后家人之间坦诚沟通，当阿乐和父亲有了情感连接后，彼此释然。阿乐终于找回了自信和喜欢的自己。

成长，

是一场不断抉择的旅程。

向左走？向右走？

其实，都有各自的风景。

束缚与羁绊在所难免，

要学会聆听内在的声音。

——题记

大学，离我有多远

——校园心理剧在心理辅导中的应用

小林，职高幼师专业二年级学生，她的梦想是考取师范类学前教育专业。为此，她不仅认真学习文化课知识，也努力学习舞蹈、美术、钢琴等专业课，她希望通过自己的努力打开大学之门，改变自己的人生轨迹。我想在职高生中，有这样明确目标的学生很少，能为此而努力学习的学生更少，这足以让家长和教师都很感到欣慰。但鉴于单亲之家的经济问题，母女俩在直接就业减轻负担和继续升学攻读大学的矛盾中挣扎着，小林陷入到是否要参加高考的抉择困惑中。笔者作为班主任，觉察到这个情况后，及时引导小林以心理剧剧本创作的形式描述困惑，又进一步以心理剧演出的形式让小林更清晰地看待困惑，以此达成辅导目标。

我想考上大学

一个平常的夜晚，身怀六甲的我在网络上溜达，看着 QQ 框里的不同签名，猜测每个人背后不同的故事，也是件好玩的事。不知不觉我看到学生小林的个性签名"我想读书……考上大学……可……"。自从怀孕之后，学生也跟着自觉了，似乎商量好了一样，能不劳烦我的事尽量不打扰，生怕扰乱了我的心情。像小林这类乖学生更是如此，凡事都会替他人着想。这就更让我过意不去，当看见小林的心情随笔，虽只是简单的几个字，一联系她这个学期以来的学习劲头，我很快就察觉出小林肯定发生了什么事情。刚好想到她获得了爱国征文比赛的三等奖，我就借此找她进行了交谈。

我："恭喜你哦！爱国征文获得瑞安市三等奖。"

小林："哦，知道了。"

我："读书的事情需要我和你妈妈谈下吗？需要帮忙的话一定要告诉我哦！"

小林："嗯。我正犹豫着是否要找你谈一下的，今天我都伤心死了唉。"

我："慢慢来，虽然很多事情不会像我们想象得那么顺利，但相信总会有转机的。"

小林："我都不知道怎么和我妈说了，不敢开口……其实我妈也为难的。"

我："你妈妈今天具体是怎么说的呢？"

小林："她没直接和我说，是她和她朋友在聊天中提到的，我在楼上听得很清楚，好像也要强调给我听的吧。她说她赚钱可能很难供我们上学，想叫我早点赚钱帮她分担。"

我："我知道你一直很体谅你妈妈的难处。所以当你妈妈以这样的方式表达不想让你继续升学的时候，你就会特别难受。"

小林："嗯，对啊，就是这样，我宁愿没有亲耳听到她们的谈话，我希望自己知道得越晚越好。老师，我真的好茫然，我害怕以后的我，没事业也没出息，更被人看不起。"

我："小林，只专门解决大学学费和生活费的话还是有途径的。如果是协助家里解决近忧的话，就很难权衡了。"

小林："老师，我明白你的意思。我不知道我妈到底持怎样的想法。我好讨厌现在的我啊，自己又不懂得努力。"

我："不，在我看来，你很懂事，也很花心思学习。"

小林："懂事又没用，行动却不足啊。唉，应该还有转机的吧。不管了，我先努力学习去参加高考，考上了我妈也许会答应，就怕我妈高三就不让我读了。老师，周日晚自习我们聊聊好吗？"

我："嗯，好的。晚上先自己好好调整下情绪，先做好当下。"

我很能理解小林的心情，却也只能默默地给予关注。小林懂事的内心在挣扎着，她也渴望自己能像其他同学那样，在经济上可以无忧无虑；但现实的情况是她只能在自己的追求与尽早分担家庭负担的矛盾中挣扎着。

♪ 作为班主任，我明白自己的角色，这毕竟是小林的家事，我只能尽可能地让小林和她妈妈清晰地意识到未来的几种可能性，而不是帮她们解决问题，最终的选择还在于小林和妈妈。考虑到小林平时的领悟能力，我希望能够以具体的方式触发小林的情感体验，于是再次发了条短信去："把今天困惑的发生用心理剧的形式记录下来吧，相信那样我们对问题会有一个更好的认识。" ♪

大学，离我有多远

周日晚自习，小林如期来到办公室，把当天引起困惑的两段重要对话记录交给了我。

我看了之后，问："当你把这两段对话写下了之后，心情发生了哪些变化？"

小林故作轻松地说："老师，其实当我写完这两段对话之后，我就知道原因出在哪里了，可我也清晰地意识到，这个问题是我没办法解决的，所以我后来干脆不想了。"

基于与小林原有的信任关系，我试探性地点破她内在的困惑："其实，你有没有发现，这个问题已经困扰你很久了，老师第一次和你交流时，你就明显表现出是否考大学的困惑，你每次强调的不是怕自己考不上，而更多顾虑的是家庭中妈妈的负担。从你刚刚的回答中，我也能感觉出来，虽然你觉察出这个问题是自己怎么想都不能解决的，你决定不去想它，但却不等价于你接纳了这样的现状。"

小林卸下武装，放低声音说："老师，我想你说的是对的。每次提到类似的事情，我都会很纠结。"

纯粹的说教，即便能起到作用也是不痛不痒的。既然心理剧的框架有，通过演绎或许会有更多的收获。于是我提议道："这样吧，我们把你所记录的这个对白作为剧本，由你来体验一下当妈妈的角色，看看那样，我们是不是能更好地找到解决此事的支点。"

小林答应了我的提议，随即去教室邀请了好友，来配合剧本的演出。小林扮演母亲的角色，我既担任导演又扮演剧中的小林，同学小丽负责旁白。我要求剧中的母亲对女儿察言观色。

第一幕

（夜幕降临，家家灯火通明，主人公小林一家三口正吃着晚饭。）

妈妈：（关心地问）林，你刚刚上哪儿去了？

小林：（正思索着什么，好一会儿才缓过神来）啊？哦！和同学去二中了，不过保安不让进去，我们就回来了。（带着失望的口气）

旁白：妈妈看了小林一下，又接着吃饭。但小林却开始了挣扎：要不要在这个时候和妈妈说舞蹈考级的事呢？说到钱妈妈又要心烦了。但还是得说呀，下个星期就要考试了。我该怎么说出口呢？唉！

旁白：小林在心里挣扎了一会儿，见妈妈的心情尚可，她要鼓起勇气开口了。

小林：妈，我要和你说件事。（边说边把筷子夹在嘴里）

妈妈：（感觉有点奇怪）什么事啊？那么神秘。（边说边看着小林）

小林：上次我和你说的舞蹈等级考试的事情，要交报名费了。（说得战战兢兢）

妈妈：（明显开始不耐烦）怎么又要交钱，上个星期不是交了450元吗？

小林：（意料中的事情发生了，妈妈听到钱就心烦了）不是啦，那450元是培训费。报名费没包括在内的。（小林不想让妈妈不开心，她小心解释着，并想着说服妈妈。）

妈妈：（有点生气）钱你自己想办法交，我没有。你最近要钱的次数越来越多了，你读个幼师怎么那么费钱啊？（语气中带着烦躁）

小林：（心里很委屈）我怎么会有钱，我又没开始赚钱，我也不想啊！可名都报了，我也很想考。对以后总是会有好处的啊！

妈妈：（意识到小林的难过，半开玩笑地说）报名费多少啊？20元？

小林：（情绪稍微缓和了下）要4倍才够。

妈妈：80元啊？

小林：（想办法缓和气氛）是85元，打个折你给我80元就够了。呵呵。

旁白：气氛没有明显的缓和，钱的事情总能让两母女纠结着。小林吃完饭想赶紧逃离这样的氛围，便上楼去了。

我："剧中的母亲，你观察到女儿今天的不同了吗？"

小林："当她开口要钱的时候很挣扎，她担心妈妈不理解她，会说她乱花钱，所以她提得小心翼翼。"

我："你感觉你一听到钱就开始烦躁的原因是什么？"

小林："我是一个单亲家庭的母亲，我每个月的收入是微薄的，我希望家里能省则省，这直接关系到来年两个孩子的学费。"（主角黯然神伤）

我："你感觉你的孩子能理解你吗？"

小林："或许吧。"（摇摆在女儿和母亲的角色之间，她不知该站在哪个立场作评价了。）

我让小林恢复女儿的角色作为第二幕的旁听者，自己担任导演的同时扮演母亲的角色，让学生小丽扮演拉家常的客人。导演要求旁听者关注母亲话语间的弦外之音。

第二幕

旁白：晚饭过后，家里来了客人王丽，与小林妈妈年龄相仿，两人开始拉家常，不知不觉就讨论到钱的问题上了。

妈妈：（担心的语气）今年不知道怎么回事，钱越来越不够了，算起来都害怕，这样下去不知道该怎么办了。

王丽：（带有同感）嗯，对啊！感觉是赚多了，但用得也更多了。以前我们赚那么点也能照样过，现在反而感觉收入多了还更不够用。

妈妈：（无奈）看着两个孩子慢慢长大，用钱的地方也越来越多，靠我一个人，也不知道能不能支撑下去。小林读个幼师，这要用钱那要用钱的，今天又跟我提钱了。唉！

王丽：（疑惑）你女儿小林我们知道，很懂事，够让你省心了。学幼师很费钱吗？

妈妈：那些什么舞蹈、钢琴的等级考试，说是考了对以后有好处，我也搞不懂。

王丽：听说你女儿现在在班级里成绩都保持前三的，你准备让她读大学吗？

妈妈：还读什么大学啊！我现在就想让她去赚钱了，什么时候办了出国手续就直接让她去外国赚钱了。现在好不容易把孩子拉扯大了，小的那个明年就要中考，还不知道怎么样。再没人和我分担下，我一个人实在扛不住啊。（越说越伤感）

王丽：唉，你也确实不容易，这个问题我也不能说什么……

旁白：楼下的对话在继续中，可小林的心情却顿时跌入了低谷。大学，这两个字眼对小林来说，曾经是一个遥不可及的梦想，现在她相信完全可通过自己的努力考上师范类的学前教育专业。但妈妈的一番话，却足以粉碎她所有的过往和眼前的积极斗志。

我："小林，剧中的谈话和你当时听到对话的感觉有什么不同的地方吗？"

小林："老师，很奇怪。我是根据当时的事情的经过记录下来的，当时听的时候，我只关注到了妈妈不想让我继续升学的那些字眼，可这次我更多关注到了妈妈话语间生活的难处和她自己内心的矛盾。"

我："你认为这个差别是怎么来的呢？"

小林："我感觉我本身很担心妈妈不支持我考大学，所以一旦她的话语间流露出这个意思时，我的心情就开始复杂了，就不会在意她后面怀着怎么样的心情说话了。可今天体验了母亲角色和再次旁听这个过程之后，我的关注点不一样了。"

我："可怜天下父母心，哪个母亲不希望自己的孩子有一个好的发展前途呢？但当孩子的前途与家庭经济产生冲突时，内心最矛盾的还是母亲。可以这么理解吗？"

小林："（眼眶里带着泪水）是啊，老师。我想我是太自私了！"

我："小林，你不是自私，你的想法也没有错，妈妈的每句话也有自己的出发点。每个家庭情况都不一样，有些同学家庭条件好但不懂得珍惜读书，而有些同学家庭条件虽差但很珍惜读书时光，你就是后者。现有的家庭情况不是自己能改变的，那我们只能换个角度去接受它，但是不是只能放弃升学，尽早工作帮助家庭呢？我相信肯定有比较折中的方式，妈妈虽口头说不想让你继续升学，但我敢肯定没有一个母亲愿意让自己学习优秀的女儿就此放弃学业，如果她真的忍心的话，当时就不让你读职高了！"

小林认真地听着我的分析，回忆道："不错，当时得知我中考落榜，她也曾想过，但最终还是不忍心，把我送到现在的这所职高学习幼儿教育专业。"

小林有一种恍然大悟的欣喜，语速加快地说："老师，我明白你的意思了。虽然妈妈从没明确地表现出让我继续升学的意思，甚至有时表达出不想让我读书的意思，更多的原因是因为她自己也很矛盾，我能理解那种矛盾的滋味了，就像我今天找你聊天之前的那个状态一样。"

我会心地笑了，说道："那我继续给你一个任务，把你妈妈当晚关于你升不升学的矛盾心情表达出来。"

小林接受了这个新任务，她是一个很有同理心的孩子，我相信她能做到很好。

❧ 此时此刻，不论是班主任的角色还是心理老师的角色，再多的话语也抵不上小林内心的体验与感悟。当她开始面对困惑并懂得抽丝剥茧，便开始了与困惑共成长，而这份体验所带来的成长力量是说教式的语言无法取代的。对于小林的家庭来说，经济上的拮据是短时间内不可改变的，但她和她的家人对未来的遐想却是可以改变的。相信带着这样一份成长力量，她可以有更多的发现。作为小林成长道路上的见证者，静待她内心花开的声音是此时最好的决定。❧

从心出发，走向大学

第二天一早，我就看到了小林写好的手稿。如下：

第三幕

（夜深了，母女俩各自躺进了自己的被窝，却是隔着墙壁开始了辗转反侧。）

妈妈：不知道小林是否听到了我和王丽的谈话，其实我何尝不想让自己的女儿考上理想的大学呢？以后不用像我这样每天这么辛苦却还供不起他们姐弟俩读书。女儿打小就懂事，别的家庭现在都已不愁吃不愁穿，每逢节假日还有一把的零用钱可外出旅游或逛街；我这个女儿在这样的家庭中也只能到了逢年过节才添点必备的衣物。这年头，什么东西都涨价，工资却不见得涨。只见自己一年年要老掉，干活体力却大不如前啊！女儿在学校每次都拿到奖学金，总能让我很欣慰。可欣慰归欣慰，当人家下一句问我是不是要让你女儿继续考大学啊，我就郁闷了，明白人都知道我家里的情况。女儿又不是什么重点高中，人家一想女儿也考不上什么好大学，我还在那叫嚷着要培养女儿读大学的话，人家还不笑话我打肿脸充胖子！……说实在话，一想到以后女儿读大学的费用，我还真担心自己供不起啊。连续的考试交费，又让这个月超支了，今年过年还不知道有没有结余留着做明年的学费。唉！

女儿：老师说，很多事情不会像我们想象得那么顺利，但相信总会有转机的。此刻的我，深刻地意识到很多事情不会像我们所预想得那么顺利，却不知道我的大学梦是否会有一个好的转机。我还在挣扎中……做任何事情都是有挫折与困难的，这个道理我懂，我更应该积极地去克服！虽然妈妈一直强调家里负担不起，以及其他的种种小原因，但这已不是我能左右的事实了。我能怎么样？我难道要在这样的事实中垂头丧气地放弃自己的追求吗？我想我更应该做些积极的事情鼓励自己更加坚强地去面对吧。先让自己从心出发，踏实地走好每一步，不让自己随意地叹气，那样才能让自己和妈妈过得更好吧……

（附言：老师，我把整个事情的过程写下来了，你帮我看看，或许在你的修改之下，能成为一篇让人有启发的校园心理剧。）

我看着小林像述说别人的故事一样地讲着自己的事情，心里一阵心疼。是的，稍微加以修整，这真的是一部很好的校园心理剧剧本，能让学生体验家庭经济情况与学习目标的交叉点，着重思考自身学习状态与启发学习动机。如果全班同学都能像小林这样积极看待生活，不管学习成绩如何，不论在哪种环境下都能找到属于自己的蓝天。

事后，我以此案例为框架担任指导师编写了一部名为"大学，离我有多远？"的校园心理剧，获得所在市第二届校园心理剧剧本创作二等奖。小林用自己的行动让自己为梦想勇往直前，也让妈妈放下心里的包袱，鼓励支持她参加高考。之后，小林不负众望地以较好的成绩在单考单招中脱颖而出，并于当年夏天顺利地被金华职业技术学院学前教育师范类专业录取。

📖本案例辅导采用心理剧演绎的策略展开了心与心的对话，并在同伴的见证中找到所谓"问题"的解决方式，唤醒了其内在积极应对问题的力量。校园心理剧是基于心理剧的理论基础，通过学生扮演当事人或由当事人自己借助舞台来呈现他们日常学习生活中的典型心理问题，在心理老师和全体参与演出者以及观众的帮助下，学会应对和正确处理心理问题，从而使全体受到教育启发的一种团体心理辅导方法。在本案例的辅导过程中，虽然只针对案主本身开展了演出，但基于该案主之后的表现来说，当时的微型导演起到了很好的效果。对于本案例的辅导，笔者进行了以下反思。

反思一：有效辅导的原因探析。

1. 辅导关系建立在信任的基础之上。这里的信任包括了咨询师与来访者之间的信任，也包括了来访者与心理剧中角色扮演者之间的信任。咨询师是来访者的班主任，心理剧中相关的扮演者是来访者平时交流较多的同龄人。来访者在信任的"场"中得到支持与鼓励，愿意打开心扉并主动接近问题，提高了辅导的实效性。

2. 来访者本身的领悟能力起到了关键作用。在此之前，小林和协助扮演的同学都曾经参加过心理剧的编写，事先的了解对当时的扮演起到了重要作用。若来访者没有比较好的领悟能力，以心理剧来引导则很难达到切实有效的解惑。

3. 咨询师有另一角色——班主任，与来访者的母亲有过了解，因此在辅导中能准确抓住母亲的真实想法，在此基础上的导演提问显得更具渲染力。

反思二：主角在心理剧表演过程中的收获。

1. 宣泄情绪：来访者能如实地记录当天的事件过程，这本身就是一种情绪的宣泄。当来访者通过角色扮演中的语言、表情、身体动作等自发性地将内心世界所积压的不良情绪宣泄出来，通过剧情的推演或角色的独白将心理垃圾倾倒出来，这种宣泄和倾倒过程，本身对来访者的心态调节就有一种抚慰和调试的作用。在情绪宣泄的过程中，来访者容易产生情绪性和认知性的理解，形成开放的、主动的、触及情感的领悟认知，伴随着宣泄又可以获得对问题与自身的深层次理解，这也是触发现实改变的前提。

2. 解决困惑：来访者自行创作心理剧本，通过角色扮演和演绎心理剧，有利于进行自我审视、自我评价、自我调整；心理剧后对剧本的探讨过程，有助于来访者从多方面、多角度来看问题，有利于解决自身困惑。

3. 提升能力：许多心理困惑产生的原因是当事人没有勇气表达自己的想法，却主观臆测他人或事件，或者找不到合适的、恰当的机会表达自己内心深处的困苦和矛盾。来访者在参与心理剧角色体验与演绎过程中能够逐步提升应对心理困惑的能力。

知识链接

心理剧

心理剧最初由精神病理学家莫瑞诺创造于 20 世纪 30 年代。心理剧也称社会剧，是一种团体心理疗法，它借助于特殊的心理方法，揭露出参演者的人格特征、人际关系、心理矛盾和情绪障碍，并在心理治疗者的间接干预和同台参演者的帮助下，使心理问题得到解决。

校园心理剧由心理剧发展而来，是以心理剧的理论为基础，在校园环境下，由心理辅导教师根据中学生的生理、心理特点，启发学生通过自编、自演解决自我心理问题的一种心理辅导方法。校园心理剧作为一种以现实生活为模型的团体心理辅导方式，它以特殊的戏剧化形式将学生在生活、学习、交往中所遇到的冲突、困惑与烦恼等情况以角色扮演、角色互换、内心独白等方式编成剧本进行表演，促使学生在表演中发现问题本质，明确症结所在，找到解决方法。在这一过程中，无论是参演者还是观看者都能受到深刻的启发与教育。